ONE
FOR
SOLITUDE
TWO
FOR
FRIENDSHIP
THREE
FOR
SOCIETY

biography

THREECHAIRS COMPANY

서울시 종로구 평창동 310-1, 5F
TEL 02 396 6266 FAX 070 8627 6266
WWW.THREECHAIRS.KR
CONTACT@BIOGRAPHYMAGAZINE.KR

**CREATIVE
DIRECTION &
COPY**
이연대
LEE YEONDAE

**DESIGN
DIRECTION**
이수민
LEE SUMIN

EDITING
이연대
LEE YEONDAE
허설
HUH SEOL
손소영
SON SOYOUNG
김혜진
KIM HYEJIN

ASSISTANCE
최지은
CHOI JIEUN

PHOTOGRAPHY
이민지
LEE MINJI
하시시 박
HASISI PARK

ILLUSTRATION
얼앤똘비악
EARL & TOLBIAC

**EXECUTIVE
ADVISOR**
손현우
SON HYUNWOO

CONTRIBUTOR
심중선
SIM JUNGSUN

THANKS
구승회
KOO SEUNGHOI
김균희
KIM KYUNHEE
김상헌
KIM SANGHUN
김영원
KIM YOUNGWON
유지안
YOO JIAN
유지혜
YOO JIHYE
이상석
LEE SANGSEOK
조은영
JO EUNYEONG

DISTRIBUTION
(주)날개물류

PRINTING
(주)스크린그래픽

PUBLISHING
(주)스리체어스
THREECHAIRS
도서등록번호
종로 마00071
출판등록일
2014년 7월 17일

**MAR APR 2015
ISSUE 3
SHIM JAE-MYUNG**

ISSN
2383-7365
ISBN
979-11-953258-3-2 04050
979-11-953258-0-1(세트)

A
-
M

⑪ ~ ⑳

preface

WORDS BY LEE YEONDAE, PUBLISHER

영화를 일삼아 보던 시절이 있었다. 하루에 두 편씩 영화를 보았다. 편식하고 싶지 않아서 한 편은 상업 영화로, 나머지 한 편은 고전 영화나 예술 영화로 골랐다. 주말엔 밀린 영화를 보거나 기억이 흐릿한 영화를 다시 보았다. 어떤 영화는 열 번 넘게 봐서 대사를 외울 정도 였다. 전등불을 끄고 누우면 머리 위로 우수수 떨어지는 대사들. 잠들기에 좋았다.

그해 겨울은 되는 일이 없었다. 매년 그러했듯 최악의 불황이란 말이 돌았다. 열 곳이 넘는 기업에 입사 원서를 냈지만 양복을 입을 기회는 좀처럼 찾아오지 않았다. 우리는 서로의 불운에 안도하며 비겁한 시간을 보냈다. 그래도 해가 바뀌기 전에 두 곳에서 연락이 왔다. 가장 다니고 싶던 회사였다. 잡지사는 최종 면접에서 떨어졌다. 영화사 면접이 남아 있어 크게 동요하진 않았다. 2배수의 면접을 치르고 신당동에서 친구들을 만났다. 면접시험의 느낌이 퍽 괜찮았다. 나는 호기롭게 외쳤다. "딱 5년만 다니고 나와서 내 회사 차릴 거야." 일주일 뒤 나는 불합격을 통보받았다.

그날 저녁은 자취방에 웅크리고 앉아 종이컵에 소주를 빽빽이 담아 마셨다. 〈포레스트 검 프〉(1994)를 틀어 놓은 채였다. 미국 앨라배마 주의 시골 마을에 사는 포레스트와 제니가 동네 거목에 올라 앉아 함께 책을 읽는 목가적 장면에서 왠지 눈물이 났다. 영화의 첫 대사 는 이렇다. "인생은 초콜릿 상자와 같아서 무엇을 집게 될지 알 수 없어Life is like a box of chocolates. You never know what you're gonna get." 그땐 저 대사가 인생은 복 불복이란 말로 들렸다.

십여 년이 흐른 뒤에 같은 영화를 다시 본다. 이제 인생은 무엇을 집든 맛이 조금 다를 뿐 하나같이 달곰쌉쌀한 초콜릿이란 걸 알아 가고 있다. 옛 영화를 다시 보며 나는 시간의 무 게를 절감한다. 그해 겨울 나는 영화에 빠져 고단한 현실을 잊을 수 있었다.

1889년 고흐는 〈별이 빛나는 밤〉을 그렸다. 가로 92.1센티미터, 세로 73.7센티미터 크기이며 그림의 제목처럼 별이 빛나는 밤의 풍경을 담고 있다. 캔버스 중앙 하단에는 교회와 민가 예닐곱 채가 모여 있다. 마을 뒤로 방풍림이 총총하고 그 너머로 키 작은 산이 화폭을 가로지른다. 검푸른 밤하늘엔 열한 개의 별과 달이 반짝인다. 왼쪽 전경前景에는 커다란 사이프러스나무가 후경을 막고 꺼들꺼들 서 있다. 구름과 대기와 별빛과 달빛은 별과 별 사이를 굽이쳐 흐른다. 화폭을 가득 메운 별을 보노라면 고흐의 붓질이 만들어 낸 별빛의 소용돌이 속으로 빨려 들 것만 같다. 〈별이 빛나는 밤〉은 오늘도 나를 사각의 프레임 속에 억류한다.

1985년 우디 앨런은 〈카이로의 붉은 장미〉를 연출했다. 영화의 배경은 1930년대 경제 대공황기의 미국 뉴저지 주. 웨이트리스로 생계를 이어가는 세실리아는 영화를 끔찍이 좋아한다. 실직한 남편은 그녀가 벌어 오는 돈으로 노름하고 바람을 피운다. 때론 손찌검도 한다. 세실리아는 영화를 보며 잠시나마 고단한 현실을 잊는다. 직장에서 해고당한 그녀는 극장으로 향한다. 눈물을 훔치며 같은 영화를 반복해서 본다. 그러다 갑자기 영화 속 인물이 그녀에게 말을 건넨다. "이 영화를 정말 좋아하시네요. 벌써 다섯 번째죠?" 영화 속 인물은 스크린 밖으로 나와 그녀의 손을 잡고 극장을 나선다. 〈카이로의 붉은 장미〉는 러닝 타임 내내 프레임의 안과 밖을 수시로 오간다.

회화와 영화는 사각의 프레임에 내재한다는 점에서 동일하지만 프레임의 작동 방식은 상이하다. 프랑스 영화 비평가 앙드레 바쟁(1918~1958)에 따르면 회화의 프레임은 내부로, 영화의 프레임은 외부로 향한다. 다시 말하면 회화의 프레임은 현전하는 세계와 회화의 세계를 구분하지만, 영화의 프레임은 현전하는 세계의 일부(내화면, On-screen)로 여겨진다. 영화를 볼 때 관객은 프레임의 존재를 망각하고 프레임 바깥에 비가시적 영역(외화면, Off-screen)이 있음을 의심하지 않는다. 감독이 제시하는 내화면과 관객이 상상으로 채우는 외화면의 상호 작용으로 영상의 서사와 의미가 탄생한다. 1895년 뤼미에르 형제가 세계 최초의 영화 〈기차의 도착〉을 만들었을 때 관객들은 멀리서 다가오던 기차가 프레임 밖으로 빠져나가자 소리를 지르며 달아났다. 외화면의 공간을 실재로 착각했기 때문이다. 때론 보이는 것보다 보이지 않는 것이 더욱 사실적이다.

이번 호에서는 영화 제작사 명필름의 심재명 대표를 만났다. 내가 그를 처음 안 건 90년대 중반이었다. 신문과 잡지에서 그가 탁월한 여성 기획자, 성공한 여성 제작자로 이름을 알릴 무렵이었다. 중성적인 쇼트커트, 날렵한 눈매, 굳게 다문 입. 알 수 없는 표정이었고 한 번도 져 본 적 없는 얼굴이었다.

그로부터 20여 년이 지났다. 나는 그를 세 번 만났다. 만날 때마다 원고의 방향을 새로 잡아야 했다. 그는 한 번도 져 본 적 없는 사람이 아니라 가끔 이기는 사람이었다.

심재명은 1963년 서울에서 사 남매의 둘째로 태어났다. 아버지의 사업이 기울면서 여섯 식구는 서울의 변두리를 전전했다. 궁색한 살림을 보이고 싶지 않아 친구들을 집에 데려오지 않던 사춘기 소녀는 스스로에게 물었다. 우리 집은 왜 가난할까, 나는 왜 키가 작을까, 나는 왜 예쁘지 않을까, 나는 왜 공부를 잘하지 않을까. 그 시절 그는 열등감 덩어리였다. 그리고 열등감의 크기만큼 꿈을 꾸었다.

취재를 마치고 종로구 사간동의 어스름을 걸었다. 프랑스문화원이 있던 지금의 폴란드대사관에서 안국동사거리까지 몇 번을 오갔다. 화랑 외벽에 매달린 빛 조각이 떨어지자 초저녁 정적이 찾아왔다. 발끝을 내려다보며 걷는 중년 남자와 소리 없이 웃는 젊은 연인이 보였다. 에드워드 호퍼의 그림처럼 인적이 드문 거리. 1984년 어느 저녁도 이랬을까. 프랑스문화원에서 영화를 보고 나와 영화 속 허상과 영화 밖 현실을 비교하며 한없이 우울했을 스물 두엇의 심재명을 생각했다.

심 대표는 성공의 원동력으로 결핍과 열등감을 꼽았다. 그에겐 모든 게 부족했다. 그래서 채울 수 있었다. 남부럽지 않은 삶을 사는 지금도 결핍은 여전히 남아 있다. 어머니의 부재와 시대적 상황과 사회 현실과 부조리에 그는 아직 결핍을 느낀다. 그리고 모자란 만큼 그는 다시 채운다. 심재명을 읽어야 할 이유가 여기에 있다.

내화면의 공간 바깥에는 언제나 외화면이 있다. 우리의 능력이 태부족하여 외화면의 영역을 직접 비추지는 못하더라도 그곳에 사람과 풍경이 있음을 함께 긍정했으면 하는 바람이다. 외화면의 존재를 긍정하는 것만으로 타인에 대한 이해에 새로운 장이 열리리라 믿는다. 내화면과 외화면은 상호 작용하며 프레임을 해체하고 영화의 서사를 완성한다.

우리 삶은 회화보다 영화에 가깝다. **b**

ISSUE 3
MAR APR 2015
SHIM JAE-MYUNG

P

PORTRAITS

심재명의
활동상을
화보에
담았다

P.032

W

WORKS

영화 제작자
심재명의
주요 업적을
알아본다

P.018

P

PREFACE

우리 삶은
회화보다
영화에
가깝다.

WORDS BY
LEE YEONDAE,
PUBLISHER

P.012

C

CINEMA
PARADISE

심재명의
꿈이 시작된
서울극장을 찾았다.
극장 안팎의
풍경을 담았다.

P.004

T

TALKS AND
TALES

극장가와 영화계에서
사람들을 만났다.
심재명에 대한
다양한 생각을
들었다.

P.030

works

충무로에서 심재명의 위치는 독보적이다. 1987년 서울극장에 입사해 영화를 홍보했고 극동스크린 기획실장으로 자리를 옮겨 영화를 기획했다. 프리랜서 영화 마케터를 거쳐 1992년 국내 최초의 영화 마케팅사를 세웠다. 1995년 영화사 명필름을 설립해 이제껏 36편의 영화를 제작했다. 그의 업적을 열 장면으로 살펴본다.

결혼이야기

1992. 7. 4.

1992년 영화사 신씨네가 기획하고 김의석이 연출했다. 심재명은 마케팅을 맡았다. 당대 최고의 청춘스타였던 최민수와 심혜진을 기용해 신세대 부부의 일과 사랑을 유쾌하게 그렸다. 영화에 나오는 텔레비전과 냉장고 등속을 삼성전자에서 협찬해 한국 영화 최초의 PPL(Product Placement, 간접광고)로 평가된다. 프리랜서 영화 기획자 심재명은 "잘까, 말까, 끌까… 할까?"라는 대담한 카피로 흥행을 이끌었다. 그해 11월 국내 최초의 영화 마케팅사 명기획을 설립하고 〈그대 안의 블루〉, 〈그 여자 그 남자〉 등을 기획했다. 언론에서는 그를 충무로의 '우먼 파워'라 칭했다.

접속

1997. 9. 13.

1995년 심재명이 설립한 영화사 명필름의 두 번째 작품이다. 장윤현이 연출하고 심재명이 마케팅을 총괄했다. 1990
년대 최고의 흥행 배우 한석규와 신인 전도연이 출연해 PC통신으로 싹트는 애틋한 감정을 그렸다. 〈접속〉은 연출, 각
본, 촬영, 조명, 음향, 미술 등에 있어 한국 영화의 수준을 한 단계 끌어올린 작품으로 평가받는다. '웰메이드 영화'란 말
도 여기서 비롯했다. 심재명이 만든 용어다. 〈접속〉은 국내 최초로 저작권료를 지불하고 외국 노래를 사용한 영화다. 영
화 음악 선곡자를 기용한 것도 처음이었다. 전국적 인기를 얻은 오리지널 사운드 트랙 앨범은 80만 장이 팔렸다.

022

조용한 가족
1998. 4. 25.

명필름의 세 번째 작품이다. 김지운이 연출하고 심재명이 마케팅했다. 〈장화, 홍련〉, 〈달콤한 인생〉, 〈좋은 놈, 나쁜 놈, 이상한 놈〉 등을 연출한 김지운 감독의 데뷔작이다. 최민식, 송강호, 고호경 등이 출연해 외딴 산장에서 벌어지는 연쇄 살인을 코믹하게 그렸다. 〈조용한 가족〉은 코미디와 연쇄 살인극을 결합한 '코믹 잔혹극'이란 신종 장르를 개척했다. 마케팅도 남달랐다. 심재명은 국내 최초로 영화 홈페이지를 만들어 제작 과정과 예고편, 스틸 사진 등을 공개했다. 명필름은 〈접속〉과 〈조용한 가족〉을 잇달아 성공시키며 충무로의 명제작사로 떠오른다.

해 피 엔 드

1999. 12. 11.

명필름의 다섯 번째 작품이다. 정지우가 연출하고 심재명이 마케팅했다. 〈이끼〉의 각본을 쓰고 〈은교〉를 연출한 정지우 감독의 장편 데뷔작이다. 최민식, 전도연, 주진모가 출연했다. 바람난 아내와 정부, 실직한 남편이 벌이는 치정극을 그렸다. 심재명은 국내 영화사 최초로 〈해피엔드〉 마케팅 비용의 일부인 1억 2천만 원을 인터넷 펀드로 모집했다. 비용 충당보다는 홍보 목적이었다. 영화가 흥행하면서 펀드 수익률은 45%에 달했다. 색다른 시도는 이어졌다. 메일과 매거진을 조합한 '메일 매거진'을 창간해 구독자에게 촬영장 소식, 스틸 사진 등을 정기 발송했다.

공동경비구역 JSA
2000. 9. 9.

명필름의 일곱 번째 작품이다. 박찬욱이 연출하고 심재명이 제작했다. 이영애, 이병헌, 송강호, 김태우, 신하균이 출연했다. 판문점 공동경비구역에서 복무하는 남북 병사들의 우정과 이념 갈등을 담았다. 전국 관객 583만 명을 동원하며 무명의 박찬욱은 흥행 감독 반열에 올랐다. 〈공동경비구역 JSA〉는 국내 최초로 슈퍼 35㎜ 포맷으로 촬영되었다. 할리우드 대작 영화에서나 볼 수 있던 종횡비 2.35:1의 시네마스코프를 구현하기 위해 명필름이 먼저 제안했다. 감독은 마다할 이유가 없었다. 〈공동경비구역 JSA〉는 대종상 최우수작품상, 청룡영화상 최우수작품상 등을 수상했다.

욕망

2004. 2. 20.

명필름의 열네 번째 작품이다. 김응수가 연출하고 심재명이 공동투자 했다. 한 청년을 동시에 사랑한 부부의 욕망과 갈등을 다루었다. 〈욕망〉은 영화사와 방송사가 공동 제작한 국내 최초의 영화다. HD 디지털 장편 영화도 처음 시도되는 일이었다. 영화에 사용된 카메라는 조지 루카스 감독의 〈스타워즈 에피소드2〉를 촬영한 기종이었다. 당시 극장가는 〈태극기 휘날리며〉, 〈실미도〉 등 대작들로 상영관을 잡기 어려웠다. 심재명은 국내 최초로 극장과 온라인 동시 개봉을 택했다. 온·오프라인 동시 개봉이 성공한다면 저예산 영화의 새로운 배급 모델이 될 것이라 기대했다.

그 때 그 사람들

2005. 2. 3.

명필름의 열여섯 번째 작품이다. 임상수가 연출하고 심재명이 제작했다. 한석규, 백윤식 등이 출연해 1979년 10월 26
일 박정희 전 대통령 시해 사건 당일을 재구성했다. 박 전 대통령의 아들 박지만은 영화가 아버지의 명예를 훼손했다며
상영 금지 가처분 신청을 냈다. 법원은 부마항쟁 다큐멘터리, 김수환 추기경의 조사弔詞, 박 전 대통령 장례식 다큐멘터
리를 삭제하면 상영 가능하다고 판결했다. 심재명은 법원이 삭제를 명한 세 장면을 검은 화면으로 처리해 상영했다. 3
분 50초 동안 영상과 내레이션 없이 배경 음악만 흘렀다. 한국 영화사상 초유의 해프닝이었다.

마당을 나온 암탉

2011. 7. 28.

명필름의 서른 번째 작품이다. 오성윤이 연출하고 심재명이 제작과 제작투자를 맡았다. 아동 문학의 베스트셀러라 불리는 황선미 작가의 동명 동화를 영화화했다. 양계장을 탈출해 세상 밖으로 나온 암탉 '잎싹'과 청둥오리 '초록'의 꿈과 자유를 향한 도전을 그렸다. 충무로 영화사 명필름과 애니메이션 제작사 오돌또기가 합심해 실사 영화와 애니메이션의 장점을 모두 살렸다. '한국 영화의 아름다운 도전'이란 카피처럼 제작 기간만 6년이 걸렸다. 한국 애니메이션 사상 최초로 관객 220만 명을 동원했다. 대한민국 콘텐츠 어워드에서 애니메이션 부문 대통령상을 수상했다.

관능의 법칙

2014. 2. 13.

명필름의 서른네 번째 작품이다. 권칠인이 연출하고 심재명이 제작했다. 엄정화, 문소리, 조민수가 출연해 40대 골드미스, 주부, 싱글맘의 우정과 사랑, 현실과 이상을 그렸다. 흥행에는 실패했지만 영화 산업의 근로 환경 개선에 기여했다. 〈관능의 법칙〉은 전 스태프가 표준근로계약을 체결하고 촬영한 국내 최초의 영화. 스태프들은 월급제와 추가 근로 수당, 4대 보험을 보장받았다. 당연시되던 밤샘 촬영도 없앴다. 기존 제작 방식에 비해 제작비가 1억 2천만 원 늘었지만 누군가는 해야 할 일이었다. 명필름은 다음 영화 〈카트〉에서도 스태프와 표준근로계약을 맺었다.

카트

2014. 11. 13.

명필름의 서른다섯 번째 작품이다. 부지영이 연출하고 심재명이 제작했다. 염정아, 문정희, 김영애가 대형 마트 직원으로 분해 부당 해고에 맞서는 내용을 담았다. 비정규직 노동 문제를 정면으로 다룬 국내 최초의 상업 영화다. 〈카트〉는 연대를 강조하는 영화답게 크라우드 펀딩을 통해 제작비 일부를 확보했다. 2014년 연말 극장가를 휩쓴 〈인터스텔라〉의 영향으로 상영관과 상영 횟수가 크게 줄어 흥행 성적은 좋지 않았다. 전작들에서 소외된 사람들, 주류에서 밀려난 사람들의 이야기에 주목해 온 심재명은 이 영화로 올해의 영화인상을 거머쥐었다. **b**

미중년이 되려면 미소년에서 시작해야 한다고 하지 않나. 심재명 대표님의 영화계 첫발이 서울극장 기획실이었다는 것을 알고는 당시의 대표님에 대해 여쭈어 보니 역시나 능력 있고 똑똑한 직원이었다는 답을 들었다. 현재의 극장 산업은 대기업 멀티플렉스에 휩쓸려 대표님이 근무하던 때와는 많이 다르지만, 같은 공간에서 영화 일을 시작하게 되었다는 사실에 괜한 뿌듯함과 자긍심을 느낀다.
김영원, 서울시 은평구, 27세, 서울극장 기획실 대리

평가하기 어렵지만 좀 독특한 사람이 아닐까 싶다. 영화계가 만만치 않을 텐데 남성이 하던 일을 여성이 한다는 게 대단하다. 세상이 각박해지고 있는데 따뜻하고 환한 영화를 만들면 좋겠나.
익명, 충청남도 홍성군, 70세

뭐 하나가 뜨면 그런 류의 영화만 만드는 제작자가 많다. 명필름은 그렇지 않다. '심재명'이란 이름을 내걸어서 그런지 떳떳한 영화를 만든다. 〈마당을 나온 암탉〉이나 〈카트〉는 다른 영화사에선 제작하지 않을 영화였다. 사회적인 필요에 의해 만든 것 같은데 그런 마인드를 가진 제작자가 드물기 때문에 심재명을 지지한다. 이번에 개교하는 명필름영화학교에 지인들이 서류를 넣었는데 정원이 너무 적었다. 제작사 입맛에 맞는 영화만 만드는 건 아닌지 우려스럽다. 소수 정예로 집중하는 체제가 효율적이긴 하지만 얼마만큼 효과적일지도 의문이다. 하지만 자꾸 뭔가 새로운 시도를 하고 일을 저지르는 것이 신선하고 매력적이다. **익명, 서울시 강북구, 한국예술종합학교 영화과 3학년**

'여성'이란 점을 차치하더라도 참 대단한 제작자다. 명필름 영화들 중에 첫사랑을 떠오르게 했던 〈건축학개론〉이 가장 좋았다. 앞으로도 이대로만 계속 만들어 주길 바란다.
윤현숙, 서울시 중구, 50세, 상업

장산곶매의 이은이 남성 정규직 사업장의 〈파업전야〉를 제작했다. 25년 지나 명필름 심재명은 여성 비정규직 사업장의 〈카트〉를 제작했다. 여기저기서 훌쩍이는 소리가 들린다. 〈카트〉가 보여 주는 양극화 사회의 웃목풍경이 아리고 무겁다.
곽노현 전 서울시교육감 트위터

TALKS AND TALES

〈카트〉 개봉 첫 주 스크린 수는 500개였다. 이 정도면 상영관을 많이 확보한 것이고 극장에서 좋게 봐준 것 아닌가? 그 다음은 오로지 영화의 몫이다. 관객들의 입소문이 중요하겠지만 그 입소문 역시 영화의 몫이다. 아무리 무거운 주제, 사회성이 높은 이야기라도 어떻게 풀어 나가느냐에 따라 관객의 호응은 달라진다. 노동 현실을 반영한 것은 좋은 시도지만 스토리 구성이나 영화적 재미가 부족하지 않았을까.
다음 아이디 Ingrid_Ber****

〈코르셋〉부터해서 명필름 영화를 대략 15편은 봤는데 심재명 대표는 도전적인 사람이라는 생각이 든다. 〈극락도 살인사건〉이 가장 기억에 남는 영화고 〈YMCA 야구단〉은 개인적으로 좋아하지 않는 장르라 별로였다.
박준후, 서울시 송파구, 26세, 회사원

동시대에 적합한 영화를 기획하는 동물적인 감각이 있다. 특정 장르가 유행하면 다른 방식으로 기획해 대중의 관심을 다시 불러일으키는 환기 효과가 뛰어나다. 실제론 내성적인데 여장부 기질이 있어서 자신의 입장을 밝힐 때는 떨지 않고 논리적으로 할 말 다 한다. 마케터로 시작해서 그런지 대중에게 어필하는 포인트를 잘 안다. 그런 전문성과 현장성이 제작자로서 성공한 요인이 아닐까 싶다. 한국 극장 애니메이션 산업화의 가능성을 보여 준 〈마당을 나온 암탉〉, 상업 영화 제작자면서도 사회적 책임을 지려고 한 〈카트〉를 인상 깊게 보았다. 개인적으론 〈관능의 법칙〉이 좀 아쉬웠는데, 이왕 만드는 거 〈님포매니악〉처럼 세고 정확하게 만들면 좋겠다.
영화진흥위원회 기획홍보부 이상석 부장

간단히 말하자면 〈카트〉를 보고 '감성팔이'란 느낌이 들었다. 나 역시 비정규직 시절에 부당한 처우에 항의한 적이 있지만 사측의 입장도 어느 정도는 다루었어야 한다고 생각한다. 차라리 최저 시급과 노동법을 만든 정부에 쓴소리하는 결말은 어땠을까. 남들이 가지 않는 길을 가는 데에는 존경을 표하지만 다음 영화에선 문제 해결 방법도 각본에 넣었으면 한다.
강민기, 서울시 강서구, 31세, 회사원

영화 기획 분야에 관심 있는데 다양하고 사회적인 영화를 만들어서 좋아한다. 〈공동경비구역 JSA〉, 〈섬〉은 우리 영화의 다양성을 열어 준 것 같다. 현재 명필름에서 애니메이션을 제작하고 있다는데 기대가 크다. 심재명 대표님은 조용한 카리스마가 있으시다. 원하는 걸 이야기하는 추진력이 대단했다. 영화계의 멋있는 선배로 계속 남아 주셨으면 한다.
익명, 27세, 카트 제작팀

십여 년간 곁에서 지켜보며 영화를 배울 수 있었던 것은 내게 큰 행운이었다. 영화를 처음 시작한 내게 그녀는 좋은 스승이자 고마운 상사, 든든한 선배였다. 도전적인 소재의 영화로 대중과의 접점을 만들어 내는 기획자로서의 역량, 수십 편의 영화를 흥행시킨 제작자임에도 매너리즘에 빠지지 않고 변화하는 시장 환경에 진지하게 접근하는 자세, 작품을 책임지는 사람으로서 매순간 최선을 다하는 모습을 본받고 싶다.
김균희, 〈우리 생애 최고의 순간〉, 〈건축학개론〉, 〈카트〉 프로듀서

한 영화가 멀티플렉스 상영관을 독점하는 데에 반대하는 목소리를 내고 있는 것으로 안다. 들어 보면 고개가 끄덕여지는 얘기지만 메이저 중의 메이저인 명필름의 대표가 그런 말을 하는 것은 앞뒤가 맞지 않는다고 생각한다. 명필름에서 만들 영화들도 상영관을 과도하게 차지한 적이 있지 않나. 특히 〈건축학개론〉은 개봉하기도 전에 유료 시사회를 몇 백 군데에서 열어서 다른 중소 규모 영화들의 원성을 산 것으로 알고 있다.
김진우, 서울시 성북구, 36세, 자영업

명필름에서 처음으로 전 스태프를 대상으로 표준근로계약을 체결했다. 영화계에 이런 계약 방식의 물꼬를 터 준 심재명 대표에게 감사한 마음이 든다. 하지만 밑바닥부터 시작해야 하는 신참 영화인들이 먹고살기엔 여전히 힘들다. 가파른 물가 상승과 달리 임금은 여전히 미미하게 올라간다. 통 계약을 할 땐 세금으로 3.3%를 제했는데, 표준근로계약 도입으로 20%에 가까운 세금을 내 예전과 큰 차이를 못 느끼겠다. 새내기 영화인으로서 명필름의 다음 행보를 기대해 본다.
김미영, 서울시 강동구, 23세, 영화 스태프

대다수의 사람들은 가볍게 웃고 즐기거나 꿈꾸기 위해 상업 영화를 본다. 명필름의 최근작들이 흥행에 실패한 이유는 멀티플렉스의 횡포 때문이 아니라 지나친 계몽주의 때문이 아닐까. 그래도 〈카트〉는 '명필름 제작'이란 영화사 브랜드 덕분에 수백 개의 상영관을 확보하고 시작했다. 한두 개의 상영관도 못 구해서 스크린에 걸리지 못하는 영화도 수두룩하다. 〈님아, 그 강을 건너지 마오〉라는 독립 영화가 100만 관객을 돌파한 원동력은 스크린 개수가 아니라 노부부의 사랑에 대한 관객의 공감이었다. 충무로의 중견 영화인으로서 사회적 책임을 지려는 자세는 좋지만 영화라는 상품의 본질을 잊지 않았으면 한다. **b**
익명, 서울시 노원구, 35세, 대학 강사

031

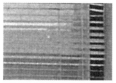

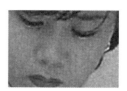

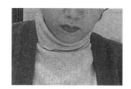

040

biography

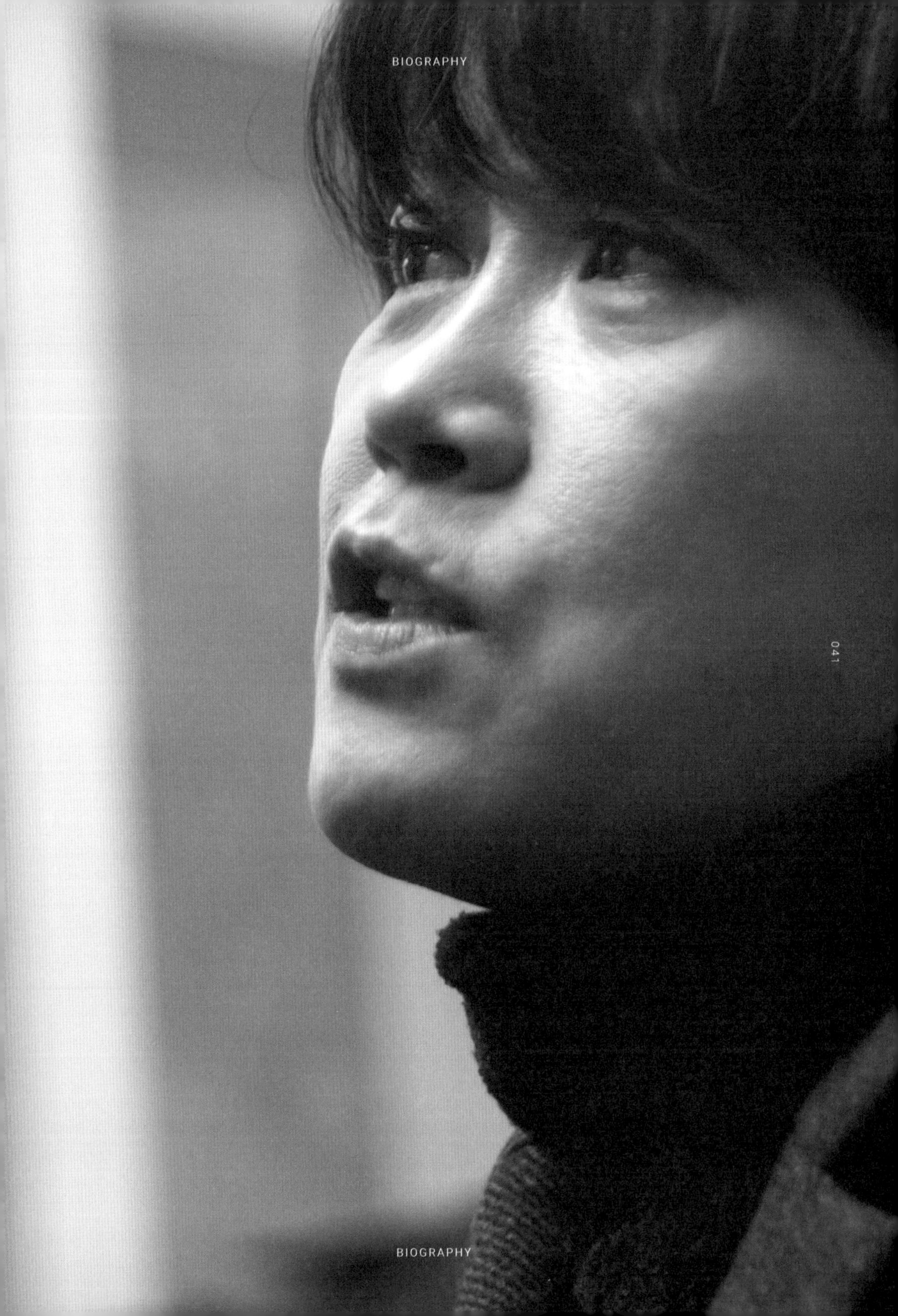

BIOGRAPHY

SYNOPSIS
시놉시스

영화의 줄거리

시놉시스Synopsis는 한두 쪽 이내로 영화의 줄거리를 요약한 글이다. 등장인물의 성격과 주요 사건을 간략히 제시한다. 시놉시스가 완성되면 열 쪽 안팎의 트리트먼트Treatment를 작성한다. 영화의 구조와 사건의 순서가 여기서 결정된다. 트리트먼트가 끝나면 비로소 시나리오Scenario 집필에 착수한다. 장면 설정과 해설, 대사와 지문을 삽입하면 한 편의 영화를 만들기 위한 모든 설계가 끝난다. 국내에서 개발되는 시나리오는 연간 2천 편을 상회한다. 그중 스크린에 걸리는 작품은 200여 편에 불과하다.

이번 챕터는 영화인 심재명의 삶을 연대순으로 기록한 전기 영화를 상정想定하고 쓴 것이다. 가상의 영화를 통해 그의 삶을 들여다보고 영상 언어의 특성을 간략히 살펴본다. 이 영화는 열등감을 극복하고 명제작자가 되기까지의 과정을 사실주의적 내러티브로 풀어낸다. 줄거리는 다음과 같다.

심재명은 1963년 서울시 전농동에서 2남 2녀의 둘째로 태어난다. 아버지의 사업이 기울면서 여섯 식구는 서울의 변두리를 전전한다. 매사에 열등감을 느끼던 그는 중학교 2학년 때 텔레비전 '주말의 명화'에서 〈몽파르나스의 등불〉이란 영화를 보고 영화에 빠져든다.

1982년 그는 동덕여자대학교 국어국문학과에 입학한다. 영화에 대한 꿈은 여전하다. 매주 화요일엔 프랑스문화원에서 영화를 보고 영화 잡지의 대학생 기자로 활동한다. 대학을 졸업하고 카피라이터가 되고 싶었지만 지원하는 곳마다 모두 낙방한다. 그는 작은 출판사에 들어간다. 넉 달 뒤 신문에서 서울극장 기획실 카피라이터 모집 공고를 본다. 영화도 하고 카피도 쓰는 직업이라 마음이 설렌다. 며칠을 고민하다 지원서를 낸다. 그리고 합격한다. 1987년 8월 마침내 그는 영화계에 첫발을 내딛는다.

1989년 영화 제작사인 극동스크린으로 직장을 옮긴다. 그곳에서 영화 제작을 배운 그는 1992년 명기획을 세운다. 한국 최초의 영화 마케팅 회사다. 〈그대 안의 블루〉(1992), 〈그 여자 그 남자〉(1993), 〈세상 밖으로〉(1994) 등을 기획하고 홍보한다.

1995년 남편과 여동생과 함께 영화사 명필름을 세운다. 〈접속〉(1997), 〈조용한 가족〉(1998), 〈해피엔드〉(1999), 〈공동경비구역 JSA〉(2000)를 연달아 흥행시킨다. 〈섬〉(2000), 〈와이키키 브라더스〉(2001) 등을 제작해 작품성과 상업성을 두루 갖춘 영화사라는 평을 얻는다.

2004년 강제규필름과 합병해 MK픽처스를 설립하고 제작에 이어 투자, 배급, 극장 사업까지 진출한다. 한 해에 영화 네 편을 제작하며 분주히 움직이지만 관객의 외면을 받는다. 그가 제작을 맡은 〈구미호 가족〉(2006)의 수익률은 −90%를 기록한다. 영화계를 떠날 생각까지 하지만 마음을 추스르고 2007년 MK픽처스에서 명필름을 분리한다.

명필름으로 돌아온 그는 〈우리 생애 최고의 순간〉(2008)으로 재기에 성공한다. 이후 〈시라노; 연애조작단〉(2010), 〈마당을 나온 암탉〉(2011), 〈건축학개론〉(2012)을 흥행시킨다.

SHOT
숏

멀리서 보면 희극, 가까이서 보면 비극

숏Shot은 영화의 최소 단위다. 카메라의 녹화 버튼을 눌렀다가 정지할 때까지 촬영한 영상을 뜻한다. 숏이 모여 신Scene이 되고, 신이 모여 시퀀스Sequence가 된다. 숏은 크기에 따라 전신을 잡는 롱 숏, 상반신을 잡는 미디엄 숏, 신체 일부를 화면 가득 잡는 클로즈업으로 나뉜다. 프랑스 영화감독 장 뤽 고다르는 "클로즈업은 비극에, 롱 숏은 희극에 적합하다"고 말한다. 클로즈업에선 인물의 미세한 표정까지 담아내기 때문이다. 재명의 유년을 그린 영화 초반부에는 클로즈업이 빈번히 사용된다.

영화는 열 살 남짓한 소녀가 길모퉁이에 숨어 골목 안쪽을 살피는 장면으로 시작한다. 골목 끝에는 붉은 벽돌로 쌓은 단층집이 보인다. 또래 아이가 대문을 열고 나온다. 문 앞을 지키고 있던 꼬마가 말한다.

"언니가 '사랑의 집' 빌려 달래요."

같은 반 친구에게 소년소녀 세계문학전집을 빌려 읽던 재명은 매번 손을 벌리기 민망해 네 살 아래 여동생을 앞세웠다. 카메라는 어린 재명의 떨리는 눈과 주름 잡힌 콧등, 마른침을 삼키는 목을 클로즈업으로 잡는다. 이어지는 필로우 숏Pillow shot. 노란 풍선을 들고 뛰는 아이와 그 뒤를 따르는 부부를 극단적인 롱 숏으로 보여 준다. 붉게 저무는 하늘과 하늘을 사선으로 가르는 비행운. 영화 내용과 무관한 정경을 담는 필로우 숏은 영화에 여백을 주고 해석의 여지를 남긴다. 일본 영화계의 거장 오스 야스지로 감독의 대표적인 숏이다.

하늘을 품던 카메라가 다시 대지로 내려오면 어느새 중학교 1학년 가을 소풍 장면이다. 청명한 가을날 풀밭에 둘러앉은 아이들. 화면 가장자리로 밀려난 재명은 어딘지 불안해 보인다. 도시락 뚜껑을 슬며시 여닫으며 김밥을 꺼내 먹고 있다. 카메라는 재명의 눈이 되어 가을 풍경을 담는다. 아이들의 익살맞은 눈매와 밥알이 붙은 입가, 널브러진 색색의 가방 따위를 빠르게 훑고 뚜껑이 빠끔 열린 도시락에서 멈춘다. 재명의 김밥에는 소고기가 없다.

어린 재명은 가난이 부끄러웠다. 작은 키와 예쁘지 않은 얼굴, 평범한 학업 성적도 열등감을 부추겼다. 화가가 되고 싶었지만 미술은 부잣집 애들이나 하는 것이었다. 엄마를 졸라 화실에도 나갔지만 석 달을 채우지 못하고 그만두었다. 마지막 달에 엄마는 화실 선생님에게 수업료 대신 주민등록증을 맡겼다.

중학교 2학년 어느 겨울밤, 재명은 어두운 방에서 텔레비전을 보고 있다. 이런 장면을 설정 숏이라고 한다. 하나의 신이 시작될 때 장소나 시간에 대한 정보를 준다. 설정 숏이 끝나면 재명은 카메라를 직시한다. 미디엄 숏에서 시작된 카메라가 서서히 줌인하면서 그의 얼굴에 텔레비전 불빛이 어른거린다. 그날 재명은 '주말의 명화'에서 모딜리아니의 전기 영화 〈몽파르나스의 등불〉을 보았다. 흠모하는 화가의 인생을 담은 영상에 매료되어 밤잠을 설친다. 화가가 될 수 없다면 영화를 하는 것도 괜찮겠다고 생각한다. 그때부터 그는 미성년자 관람불가 영화까지 가리지 않고 본다. 집으로 돌아와선 일기장에 감상문을 적는다.

ANGLE
앵글

형식이 내용을 지배한다

카메라의 앵글Angle은 크게 세 종류로 나뉜다. 눈높이에서 바라보는 아이 레벨 앵글, 위에서 내려다보는 하이 앵글, 아래에서 올려다보는 로 앵글이 있다. 같은 인물과 사건도 앵글에 따라 달리 해석될 수 있다. 일반적으로 하이 앵글에 잡힌 인물은 외롭고 무력해 보이고, 로 앵글에 잡힌 인물은 활동적이고 위압적으로 보인다. 아이 레벨 앵글은 중립적이다. 고의로 수평을 맞추지 않는 사각 앵글도 있다. 비스듬히 기울어진 화면은 긴장과 불안, 심경 변화 등을 암시한다. 달리는 장면에선 운동감을 배가하기도 한다.

1982년 재명은 동덕여자대학교 국어국문학과에 입학한다. 영화를 좋아하지만 영화학과는 엄두를 못 냈다. 영화는 별난 사람들이 택하는 전공이었다. 고교 시절 그는 공부를 썩 잘하진 않았지만 국어 과목만큼은 뛰어났다. 학력고사 성적이 변변치 않아 다른 과로 하향 지원을 하려 했지만 아버지가 "넌 그나마 국어를 잘하지 않냐"고 해서 국문학과에 지원했다.

1학년을 마치고 휴학한 그는 재수 학원을 다닌다. 어리석을 정도로 콤플렉스가 많던 때였다. 학벌 콤플렉스도 그중 하나. 카메라는 빽빽한 강의실을 극단적인 하이 앵글로 포착한다. 재수생들은 바둑판의 검은 돌처럼 보인다. 하얀 교실 벽에 둘러싸여 살아날 길이 없다. 그해 겨울 학력고사 점수가 뜻대로 나오지 않자 그는 다시 대학으로 돌아간다.

1984년 어느 저녁, 170석 남짓한 작은 상영관에서 재명은 영화를 보고 있다. 경복궁 맞은편 프랑스문화원 지하에는 프랑스 영화감독 장 르누아르의 이름을 딴 영화 감상실이 있었다. 그곳에서 잔느 모로 감독의 〈사춘기〉를 보고 나온 그는 영화에 대한 애정과 영화 밖 현실의 신산함을 곱씹으며 일몰이 가까운 안국동의 어스름을 걷는다. 카메라는 땅을 내려다보며 걷는 재명의 모습을 멀리서 잡는다. 작은 점에 불과한 그는 정물처럼 느껴진다. 장면이 바뀌면서 종로 거리를 지나는 인파가 보인다. 재명은 무리에서 조금씩 뒤처지고 있다.

대학 시절 그는 아르바이트로 학비와 용돈을 마련했다. 학기 중에도 방학 중에도 아르바이트를 멈추지 않았다. 가정 형편이 여의치 않기도 했지만 부모에게 손을 벌리고 싶지 않았다. 그러면서도 영화에 대한 꿈은 여전했다. 프랑스문화원의 영화 동호회 '시네클럽'에 가입해 매주 화요일마다 영화를 보았고, 영화 잡지 《스크린》의 대학생 기자로 활동했다. 기고한 영화평이 채택되면 영화 시사회 티켓을 공짜로 얻을 수 있었다. 그렇게 임권택, 하길종, 이두용, 배창호, 이장호 감독의 작품을 접하고 한국 영화에 대한 편견을 지웠다. 광고에도 관심이 많아 광고 공모전에 응모해 가작으로 입선하기도 했다.

대학교 졸업반이던 1986년 겨울, 그는 수십 군데에 원서를 낸다. 글을 쓰는 직업을 갖고 싶어 광고사, 신문사, 잡지사에 지원하지만 모두 떨어진다. 대기업에선 서류조차 통과하지 못한다. 그는 작은 출판사에 들어간다. 넉 달을 다니다가 신문에서 서울극장 기획실 카피라이터 모집 공고를 본다. 영화를 하면서 카피도 쓰는 직업이라 가슴이 설렌다. 며칠을 고민하다 회사 몰래 지원한다. 그리고 합격한다.

MISE-EN-SCENE
미장센

모든 사물은 존재의 의미가 있다

미장센Mise-en-scene은 프레임 속 시각적 요소의 배치를 의미한다. 프레임에 속한 인물의 위치, 구도, 배경, 조명, 의상, 분장, 소품 등은 장식적 기능에만 머물지 않는다. 영화의 주제 의식을 암시하거나 강조한다. 러시아 극작가 안톤 체호프는 "1막에서 총이 나오면 2막이나 3막에선 발사되어야 한다"고 말한다. 한편 맥거핀Macguffin이란 기법도 있다. 스릴러 영화의 거장 알프레드 히치콕 감독이 사용한 기법으로 영화에 중요한 것처럼 등장하지만 줄거리에 아무 영향을 미치지 않는다.

1987년 8월의 어느 오후, 단발머리를 날리며 서울극장 기획실로 들어서는 앳된 여성이 있다. 기획실의 막내 '미스 심'은 오늘도 분주하다. 프레임의 안팎을 재명은 바삐 오간다. 여기서 영화는 180도 법칙을 의도적으로 위반하며 재명의 급박한 심경을 표현한다. 180도 법칙은 관객의 공간 인식에 혼란을 주지 않기 위해 카메라가 가상의 선을 넘지 않도록 규정한 것이다. 예컨대 동쪽에서 서쪽으로 이동하는 차량을 남쪽과 북쪽에서 각각 촬영한 뒤 두 숏을 이어 붙이면 관객은 차량이 왔던 길을 되돌아간다고 오인할 수 있다.

그의 책상이 보인다. 광고물이 널려 있고 전임자가 남긴 영화 광고를 모은 스크랩북이 펼쳐져 있다. 재명은 영화 카피도 쓰고 복사도 하고 홍보도 하고 팩스도 넣는다. 그러다 잠깐 손을 멈춘다. 책상 너머 사장실로 들어가는 유명 감독을 멍하니 바라본다. 신문과 잡지에서나 보던 사람들이다. 그들과 같은 공간에서 일한다는 사실이 그는 아직 실감나지 않는다.

화면이 바뀌면 동판을 떠서 영화 광고를 찍는 인쇄소다. 재명은 영화계 선배들과 대화하고 있다. 어딘지 낯익은 얼굴들이다. 카메라는 그들의 이름이 적힌 문서나 명함 따위를 비춘다. 많은 정보를 간단히 설명하기 위한 설정 숏이다. 그들은 훗날 제작자와 감독이 된다. 명보극장 기획실의 신철 부장은 영화사 신씨네를 차려 〈엽기적인 그녀〉(2001)를 만들고, 단성사 기획실의 석명홍 부장은 영화사 시네라인을 세워 〈친구〉(2001)를 만든다. 재명의 전임자로 프리랜서를 선언하고 영화 광고를 도안하던 이준익은 〈왕의 남자〉(2005)를 연출한다. 재명은 그들과 거의 매일 어울린다. 카메라는 그들을 꽉 찬 프레임에 담아 유대감을 강조한다.

당시 충무로는 할리우드 영화에나 나올 법한 풍채 좋은 남자들이 담배를 피워 물고 고함치는 곳이었다. 마초 같은 직장 상사들은 험한 말도 서슴지 않았다. 재명은 밤늦도록 일했다. 주어진 일만큼 책임질 일도 많았다. 감당하기 버거울 때면 이불을 뒤집어쓰고 울었다. 그래도 좋아하는 일이라 행복했다. 서울극장에서 그는 영화 광고와 홍보, 배급을 두루 익혔다. 1989년 재명은 영화 제작을 배우고 싶어 제작사인 극동스크린으로 직장을 옮기고 기획실장이 된다. 그곳에서 〈미친 사랑의 노래〉(1990)를 홍보하고, 〈사의 찬미〉(1991)를 기획해 언론의 주목을 받는다. 그러나 사소한 업무까지 결재를 요구하는 상사와 부딪히고 회사를 그만둔다. 이직 2년 만이었다. 4년여의 직장 생활을 끝낸 재명은 한 달간 유럽 배낭여행을 다녀온다. 그리고 프리랜서 영화 기획자를 선언한다.

LIGHTING & COLOR
조명과 색채

영화는 빛의 예술이다

조명과 색채는 영화의 분위기를 좌우한다. 화면이 대체로 밝은 하이키High-key 조명은 코미디나 로맨스 영화에 사용되고, 화면이 대체로 어두운 로키Low-key 조명은 스릴러나 미스터리 영화에 사용된다. 프란시스 포드 코폴라 감독의 〈대부〉(1972)는 어두운 조명과 색채, 극명한 명암 대비를 이용해 마피아 두목 돈 코르네오네(말론 브란도)의 고뇌를 효과적으로 나타냈다. 〈아메리칸 뷰티〉(1999)에서 붉은색은 성적 욕망과 위험을 상징한다. 같은 색이라도 영화의 맥락에 따라 달리 해석될 수 있다.

1992년 7월 4일, 종로 3가 피카디리 극장 앞은 발 디딜 틈도 없다. 매표소에서 시작된 줄은 극장 앞 광장을 지나 종로 2가까지 이어져 있다. 젊은 연인들은 극장 간판에 걸린 도발적인 광고 카피에 시선을 고정한다. "잘까, 말까, 끌까… 할까?" 하이 콘셉트 영화(기획 영화)의 출현을 알린 〈결혼이야기〉의 개봉 첫날 풍경이다. 극장 앞에 늘어선 가로수의 신록이 유난히 푸르다. 여름은 끝나지 않을 것만 같다. 재명의 유년을 그린 영화 초반부엔 검은색과 암청색이 지배적이었지만 영화 중반부로 접어들면서 화사한 색상이 주를 이룬다.

신세대 부부의 결혼 생활과 성性을 솔직하게 다룬 로맨틱 코미디답게 재명은 감각적인 카피를 선보였다. 화제가 된 '잘까, 말까, 끌까… 할까?' 외에도 '그거 해도 괜찮을까?', '토요일 오후를 섹시하게' 등의 카피를 시리즈로 내놓았다. 〈결혼이야기〉는 서울 관객만 52만 명을 동원하며 그해 박스 오피스 1위에 오른다.

멀티플렉스가 들어서기 전인 1990년대 초반 서울엔 5대 극장이 있었다. 종로 3가의 서울극장, 피카디리, 단성사, 을지로의 명보극장, 충무로의 대한극장이다. 그중 피카디리 극장에서 영화 제작을 계획하고 대기업의 투자를 받았다. 비디오 판권을 유통하던 삼성영상사업단이 영화 제작에 뛰어들어 투자한 첫 번째 작품이 바로 최민수, 심혜진 주연의 〈결혼이야기〉였다. 서울극장과 극동스크린 재직 시절 재명의 마케팅 능력을 눈여겨본 피카디리 극장 대표는 그에게 홍보를 맡겼다. 프리랜서 영화 기획자 심재명의 첫 번째 영화다.

카메라는 여전히 혼잡한 극장가를 훑는다. 화면에 보이지 않는 인물의 목소리가 깔린다.

"영화사 일을 두루 경험한데다 철저한 사전 조사를 통해 관객의 취향을 파악하고 있었기 때문에 현재까지는 성공을 거둘 수 있었습니다."

말이 끝날 즈음 재명이 화면에 나타난다. 피카디리 극장의 사무실이다. 그는 창문을 등지고 앉아 있다. 사진 기자의 플래시가 터진다. 창으로 들어오는 햇빛은 주광이 되고 플래시는 보조광이 되어 그의 얼굴을 온화하게 비춘다.

〈결혼이야기〉가 크게 성공하면서 재명은 대표적인 여성 기획자로 이름을 알린다. 홍보를 맡기는 영화도 늘어서 1992년 국내 최초의 영화 마케팅 회사인 명기획을 설립한다. 이후 〈그대 안의 블루〉(1992), 〈그 여자 그 남자〉(1993)를 기획하고, 〈세상 밖으로〉(1994), 〈게임의 법칙〉(1994), 〈닥터 봉〉(1995) 등을 홍보한다.

LENS & FILTER
렌즈와 필터

대상을 왜곡해 상징적 진실을 드러낸다

렌즈는 표준 렌즈, 광각 렌즈, 망원 렌즈로 구분된다. 표준 렌즈는 사람의 눈과 비슷하다. 광각 렌즈는 배경의 깊숙한 곳까지 또렷하게 포착한다. 망원 렌즈는 멀리 있는 피사체를 당겨 잡을 때 쓰인다. 뒤편의 배경을 흐릿하게 날리고 특정 인물이나 사물에 초점을 맞출 수 있다. 필터는 특정 색을 강조하거나 배제할 때 사용한다. 다양한 필터가 개발되기 전에는 부드러운 화면을 만들기 위해 렌즈에 스타킹을 씌우고 몽환적인 화면을 만들기 위해 렌즈에 바셀린을 바르기도 했다.

1994년 재명은 이은과 결혼한다. 남편은 독립영화집단 장산곶매에서 〈파업전야〉 등을 제작한 영화 운동권 출신이었다. 둘의 영화적 성향은 달랐지만 영화 제작이란 꿈은 같았다. 결혼이듬해인 1995년 8월 재명은 남편 이은, 광고회사 출신의 여동생 심보경과 함께 영화사 명필름을 세운다. 영화는 밤낮없이 일하는 그들을 빠른 편집으로 담아낸다. 상업 영화 제작은 처음이지만 경험 부족은 젊음과 패기로 메울 수 있을 것만 같다.

장면이 바뀌면 재명은 은행 창구에 앉아 있다. 카메라는 재명과 은행원을 비추다가 왼쪽으로 이동해서 한산한 실내와 출입문을 정지 숏으로 비춘다. 정지 숏은 카메라를 이동하지 않고 촬영한 장면을 뜻한다. 은행원의 목소리가 들린다.

"명필름은 담보 능력이 부족해서 더 이상 대출이 불가능합니다."

재명은 실내를 가로질러 은행 밖으로 나간다. 고정된 카메라는 유리창 너머로 그의 모습을 담는다. 선팅 필름이 부착된 유리창을 통해 바라본 바깥 풍경은 차가운 청색이다.

충무로의 명기획자와 독립영화집단의 실력자가 만났지만 시행착오를 피할 수는 없었다. 준비하던 영화는 시나리오를 쓰다가 완성하지 못했다. 회사를 운영하고 시나리오를 개발하느라 대출은 물론 사채까지 빌렸다. 빚은 5억 원에 달했다.

1995년 겨울 그들은 대종상 영화제에서 신인 각본상을 받은 〈코르셋〉을 접한다. 뚱뚱한 여자의 자아 찾기라는 로맨틱 코미디였다. 명필름에서 창립 작품으로 준비하다 무산된 영화는 어리바리한 아이 엄마가 남편 회사에 연루된 사건을 풀어 나가는 어드벤처 코미디물이었다. 여성의 정체성을 다룬다는 점에서 〈코르셋〉과 비슷한 구석이 있었다. 그들은 〈코르셋〉을 창립작품으로 정하고 제작에 착수한다.

1996년 6월 8일, 종로 3가 피카디리 극장엔 명필름이 제작한 첫 번째 영화 〈코르셋〉이 걸린다. 60대 여성이 극장 간판을 올려다보고 있다. 엄마를 발견한 재명은 파라솔 그늘 아래로 엄마를 모신다. 광각 렌즈를 장착한 카메라는 전경에 엄마와 재명을 담고 후경으로 극장 앞을 서성이는 인파를 한 화면에 또렷하게 잡아낸다. 재명을 따라다니며 취재하던 방송 프로듀서가 엄마에게 따님은 어떤 사람이냐고 묻는다. 엄마는 뜸을 들이지 않고 대답한다.

"아주 독한 년이에요."

카메라는 망원 렌즈로 엄마의 얼굴을 당겨 잡는다. 쑥스러우면서도 뿌듯한 표정이다.

MOTION
움직임

카메라가 움직이면 관객의 마음도 움직인다.

삼각대에 고정된 카메라는 좌우나 상하로 움직일 수 있다. 좌우로 움직이면 팬 숏Pan shot, 상하로 움직이면 틸트 숏Tilt shot이라고 한다. 카메라 자체가 움직이는 트래킹 숏Tracking shot도 있다. 카메라는 크레인이나 트럭, 레일 위 이동차(달리Dolly)에 장착되어 상하좌우로 이동할 수 있다. 카메라의 움직임과 시점에 따라 다양한 이미지가 연출된다. 카메라를 손에 들고 찍는 핸드헬드Handheld는 생생한 현장감을 전달할 때 유용하다. 최근엔 드론Drone을 이용한 공중 촬영도 증가하는 추세다.

명필름의 첫 작품 〈코르셋〉은 실패에 가까웠다. 명필름은 다음 영화로 PC통신으로 이어지는 사랑 이야기 〈접속〉을 준비한다. 그러나 출발은 순조롭지 않았다.

충무로 영화인들은 〈접속〉에 회의적이었다. PC통신이란 소재가 낯설기도 했고 남녀 주인공이 손 한 번 잡지 않는 러브 스토리는 밋밋해 보였다. 명필름은 1995년 하반기부터 〈접속〉을 준비했지만 캐스팅과 투자에 어려움을 겪었다. 그 기간 동안 시나리오만 25번을 고쳤다. 완고를 본 한석규가 캐스팅에 응하면서 제작은 급물살을 탔다. 당대 최고의 스타 한석규를 기용했으니 상대역은 새로운 얼굴을 발굴해도 좋을 것 같았다.

1997년 종로구 혜화동 명필름 사옥. 화장기 없는 얼굴의 젊은 여성이 문을 열고 들어온다. 카메라는 그녀의 전신을 롱 숏으로 잡는다. 그녀는 카메라를 향해 이동하고 카메라도 그녀를 향해 이동한다. 그녀와 카메라의 거리는 차츰 좁혀진다. 이러한 기법을 단축 달리Contract dolly라 한다. 방향성이 상반된 움직임이 충돌하면서 그녀의 등장은 중요한 사건처럼 느껴진다. 재명은 그녀를 보자마자 영화 속 캐릭터를 떠올린다. 반년 가까이 고민하던 캐스팅이 해결되는 순간이다. 재명과 여동생 심보경은 한석규의 상대역으로 전도연을 캐스팅한다. 〈접속〉은 전도연의 스크린 데뷔작이 된다.

1997년 9월 〈접속〉은 개봉한다. 개봉일의 풍경을 카메라는 독특하게 잡아낸다. 크레인에 달린 카메라는 눈높이까지 내려와 매표소 앞에 무심하게 서 있는 남자를 미디엄 숏으로 잡는다. 공간감은 전혀 느껴지지 않는다. 크레인이 서서히 올라가며 카메라는 하이 앵글이 되다가 점점 공중으로 솟아 극장 앞 인파를 담아낸다. 7개 상영관에서 개봉한 〈접속〉은 매진 행렬이 이어지면서 한 달 사이 27개 상영관으로 확대된다. 〈접속〉은 서울 관객만 67만 명을 동원하며 크게 성공한다.

〈접속〉의 성공은 철저한 기획의 산물이었다. 캐스팅에 설문 조사를 활용했고 개봉 직전까지 영화 인지도 조사를 펼쳤다. 국내 최초로 저작권료를 지불하고 사용한 오리지널 사운드 트랙 앨범은 80만 장이 팔렸다. 〈접속〉은 촬영, 연기, 미술, 조명, 음악, 편집 등 영화의 모든 구성 요소에서 일정 수준을 뛰어넘은 수작으로 평가된다. '웰메이드 영화'란 말도 여기서 나왔다.

명필름의 성공은 이어진다. 이듬해 〈조용한 가족〉(1998)이 서울 관객 34만 명, 〈해피엔드〉(1999)가 서울 관객 55만 명을 동원하며 충무로의 명제작사로 떠오른다.

055

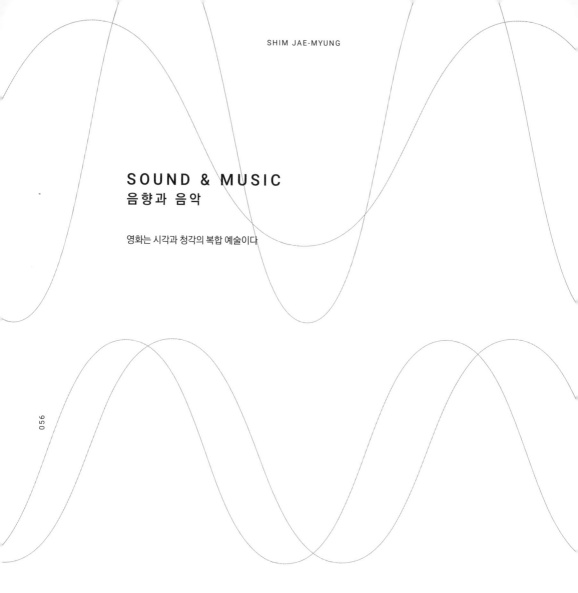

SOUND & MUSIC
음향과 음악

영화는 시각과 청각의 복합 예술이다

영화의 음향은 소리의 진원지에 따라 내재음Diegetic sound과 외재음Nondiegetic sound으로 나뉜다. 내재음은 현재 보이는 화면에서 발생하는 소리다. 화면 속 인물의 대화나 탑승한 차량 소음, 카오디오 소리 등이 해당된다. 내재음은 화면 속 사건을 더욱 사실적으로 만든다. 한편 외재음은 화면 밖에서 발생하는 소리다. 멀리서 들리는 기차 소리나 닫힌 문 바깥에서 나는 소리, 오리지널 사운드 트랙 등이 해당된다. 외재음은 등장인물의 내면과 정서를 강조한다. 공포 영화에선 공포심을 배가하기도 한다.

2001년 4월 25일 저녁, 세종문화회관 대극장에는 3천여 명의 영화인과 관객들이 운집한 가운데 제38회 대종상 시상식이 열리고 있다. 긴장감을 고조하는 드럼 소리가 울린다. 최우수 작품상에 〈공동경비구역 JSA〉가 호명된다. 수많은 영화인들이 환호를 보낸다. 심재명은 무대 위로 올라가 트로피를 받는다. 객석의 박수 소리가 커지면서 시끌벅적한 말소리와 겹쳐지고 화면은 1998년 명필름 워크숍 장면으로 자연스럽게 연결된다. 이처럼 두 가지 음향을 중첩하여 장면 전환을 부드럽게 하는 기법을 사운드 디졸브Sound dissolve라고 한다.

1998년 명필름 워크숍에서 직원들은 담소를 나누고 있다. 이은 대표는 따로 떨어져 책을 읽고 있다. 〈공동경비구역 JSA〉의 원작 소설인 《DMZ》다. 1박 2일 워크숍 동안 책을 다 읽은 이은은 서울로 돌아와 직원들에게 그 책을 회람시킨다. 재명도 그때 책을 접한다. 판문점 공동경비구역에서 발생한 총격 사건의 진실을 파헤치는 과정에서 분단 현실이 고스란히 드러나는 문제적 작품이었다.

〈공동경비구역 JSA〉의 성공은 누구도 예상하지 못했다. 남북문제라는 민감한 소재를 다루는 만큼 흥행엔 큰 기대를 하지 않았다. 투자자에게 손해를 끼치지 않는 것이 목표였다. 그러나 개봉 석 달을 앞두고 남북정상회담이 열리면서 남북 관계가 급속히 해빙되었다. 남북 화해 분위기를 타고 영화는 엄청난 주목을 받았다. 관객 583만 명을 동원하며 당시 한국 영화 역대 흥행 1위에 오른다. 시나리오 보따리를 들고 다니던 무명의 박찬욱 감독은 일약 스타 감독이 된다. 영화광으로 알려진 북한의 김정일도 이 영화에 관심을 보여 필름을 대북 반출하기도 한다.

명필름은 국내외 언론의 스포트라이트를 받는다. 2001년 미국 연예지 《버라이어티》는 '주목할 만한 10인의 제작자'에 이은과 심재명을 선정한다. 《버라이어티》는 "그들은 한국 영화 산업에서 가장 파워풀한 커플이다. 기품과 우아함과 겸손으로 영화의 상업적, 예술적 성공을 잘 조화시키고 있다"고 평했다. 10인의 제작자 명단에는 〈빌리 엘리어트〉의 공동 제작자인 욘 핀과 나타샤 워턴 등이 포함되어 있었다.

명필름의 흥행 행진이 이어지자 항간에선 돈이 되는 영화만 찍는다는 비판이 나왔다. 그러나 명필름은 〈섬〉(2000), 〈와이키키 브라더스〉(2001) 등 작가주의 영화를 선보이면서 상업성과 작품성을 두루 갖춘 제작사라는 평을 얻는다.

EDIT
편집

영화는 편집의 예술이다

편집은 숏을 자르고 붙여서 영화를 완성하는 작업이다. 편집을 통해 시간의 축약과 공간의 이동이 매끄럽게 연결된다. 상업 영화의 최종 편집 권한은 제작자에게 있다. 촬영한 필름이 편집실에 도착하면 가장 잘 나온 장면들을 시나리오 순서대로 배열한다. 감독과 편집자가 협의해 편집본을 수정하고 보완한 이후 다양한 의견을 취합해 극장 상영에 적합한 최종 편집본을 만든다. 〈블레이드 러너〉(1982), 〈나비효과〉(2004) 등 최종 편집본과 감독판의 결말이 다른 경우도 종종 있다.

2004년 1월 〈공동경비구역 JSA〉의 명필름과 〈태극기 휘날리며〉의 강제규필름은 합병을 발표한다. 두 메이저 영화사의 결합으로 탄생한 MK픽처스는 영화 제작은 물론 투자와 배급, 극장 사업까지 진출한다. 1995년 재명과 남편, 여동생 셋이서 시작한 명필름은 임직원 45명의 거대 제작사가 된다. 연간 두 편이던 영화 제작 편수도 배로 증가한다. 이제 재명은 한 작품을 오래 붙들고 있을 수 없다. 서버가 다운되듯 능력의 한계를 절감한다. 그리고 언제나 그렇듯 좋지 않은 일들은 한꺼번에 찾아온다.

2005년 1월 박정희 전 대통령의 아들 박지만은 재명이 제작한 영화 〈그때 그 사람들〉이 아버지의 명예를 훼손했다며 법원에 상영 금지 가처분 신청을 낸다. 법원 공판 장면에서 카메라는 법정 풍경을 롱 테이크Long take로 담아낸다. 롱 테이크는 하나의 신이 커트 없이 오래 지속되는 촬영을 뜻한다. 편집에 의한 개입이 없어 현장감을 주기에 적합하다. 법원은 부마항쟁 시위 장면 등 일부 장면을 삭제하면 상영 가능하다고 판결한다.

재명은 법원이 삭제를 명한 3분 50초 분량을 검은 화면으로 바꾸고 소리를 없애 상영한다. 법원의 가처분 결정에 의해 영화 장면이 삭제된 것은 그때가 처음이다. 이 사건으로 한동안 개인의 인격권과 표현의 자유에 대한 논란이 인다.

2006년 4월 5일 오후 3시, 재명의 전화벨이 울린다. 루게릭병으로 투병하던 어머니의 부고를 알리는 아버지의 목소리. 장례를 마치고도 그는 울음을 멈추지 못한다. 회사에도 위기가 찾아온다. 재명은 〈여교수의 은밀한 매력〉, 〈아이스케키〉, 〈구미호 가족〉 등을 제작하지만 잇달아 흥행에 실패한다. 〈구미호 가족〉의 수익률은 -90%에 달한다. 그는 영화계를 떠나야 하나 고민한다.

2006년 연말, 재명은 휴대 전화를 만지작거리고 있다. 한참 망설이다 남편에게 문자 메시지를 보낸다. "미안해요." 이내 휴대 전화가 울린다. 남편의 답장이다. "제가 더 잘할게요. 한 치의 흔들림도 없이 갑시다." 카메라는 같은 시각 다른 장소에 있는 재명과 남편의 모습을 교차 편집한다. 교차 편집은 추격 장면에 주로 사용되어 긴장감을 더하는 편집 방법이지만 여기서는 다른 공간에 있지만 둘의 심리적 거리가 멀지 않음을 부각한다.

2007년 심재명과 이은은 MK픽처스 지분을 매각하고 다시 명필름으로 돌아간다. 합병 3년 만의 일이다.

SCENARIO
시나리오

영화의 처음이자 끝

시나리오Scenario는 신Scene에서 유래한 말이다. 모든 신을 합하면 영화가 된다. 시나리오는 대사와 지문으로 구성된다. 시나리오가 완성되면 촬영에 앞서 카메라의 각도, 움직임, 숏의 크기, 대사, 지문 등을 그림으로 나타낸 촬영 대본을 만든다. 이를 콘티뉴이티Continuity라고 한다. 줄여서 콘티라고도 한다. 콘티 작업이 철저할 경우 시행착오를 줄여 촬영 기간을 단축할 수 있다. 알프레드 히치콕 감독은 정교한 콘티를 제작한 것으로 유명하다. 한편 콘티 없이 즉흥 연출을 선호하는 감독들도 있다.

S# 74. 경기도 용인의 콘도미니엄(내부, 저녁)

화면 아래 '2004년 8월 29일, 〈그때 그 사람들〉 제작진 워크숍'이라는 자막이 떴다가 사라진다. 식당에 크게 틀어진 텔레비전 소리. 아테네 올림픽 여자 핸드볼 결승전이다. 그들은 식사하다 말고 경기에 집중하고 있다. 재명도 그중 하나다. 127분간의 연장과 재연장, 승부 던지기 끝에 우리나라는 덴마크에 패한다. 우리 선수들은 서로 끌어안고 눈물을 흘린다. 그것은 패배한 자의 눈물이 아니라 승리한 자의 눈물이다. 희열마저 느껴진다. 재명은 울컥한다.

S# 75. MK픽처스 사무실(내부, 아침)

사무실에서 재명은 직원들과 대화를 나누고 있다.

　　　　　재명: 어제 여자 핸드볼 결승전 봤어?

직원들은 저마다 감탄사를 늘어놓는다. 화기애애한 대화가 이어진다.

S# 76. MK픽처스 사무실(내부, 오후)

　　　　　재명: 여자 핸드볼 선수들의 이야기를 영화로 만들면 어떨까?

　　　　　직원 1: (당황하며) 스포츠 영화는 흥행이 어렵잖아요. 게다가 비인기 종목이고.

　　　　　직원 2: (고개를 저으며) 아줌마 선수들 이야기를 누가 볼까요?

　　　　　재명: (다짐하듯) 여성들의 연대 의식을 잘 전달하면 분명히 통할 거야.

S# 77. 핸드볼 경기장(내부, 낮)

페이드인 되면 핸드볼 훈련을 받는 배우들과 촬영 현장, 영화 포스터, 매진 행렬이 이어지는 극장 풍경이 빠르게 편집된다. 십 초 정도 이어지다가 페이드아웃.

S# 78. 세종문화회관 대극장(내부, 밤)

신74로부터 4년 뒤 청룡영화상 시상식. 여자 핸드볼 선수들의 이야기를 담은 〈우리 생애 최고의 순간〉은 최우수작품상을 수상한다. 박수갈채가 쏟아진다. 천천히 페이드아웃.

S# 79. 명필름 사무실(내부, 오후)

짧은 암전 상태. 페이드인 되면 명필름 사옥 내부다. 한국 애니메이션 사상 최초로 220만 관객을 돌파한 〈마당을 나온 암탉〉(2011), 전국에 첫사랑 열풍을 일으킨 〈건축학개론〉(2012), 임권택 감독의 102번째 작품 〈화장〉(2015)의 포스터가 보인다. 카메라는 명필름이 제작한 영화들의 포스터를 천천히 훑다가 '한국 영화의 아름다운 도전'이란 카피에서 멈춘다.

IDEOLOGY
이데올로기

모든 영화는 편향적이다

정도의 차이가 있을 뿐 모든 영화는 편향적이다. 이데올로기적 명시성에 따라 영화는 중립적인 영화, 함축적인 영화, 명시적인 영화로 나뉜다. 중립적인 영화에는 가벼운 오락 영화나 초현실적인 실험 영화가 있다. 함축적인 영화는 가치 체계가 은폐되어 있는 영화로 대부분의 장편 영화가 이에 해당한다. 감독은 자신의 신념을 등장인물에 주입해 표출한다. 명시적인 영화는 설득하거나 교도하려는 목적을 지닌다. 사회 고발 영화, 정치 영화가 대표적이다. 선전 영화는 극단적으로 명시적인 영화에 속한다.

2014년 11월 12일, JTBC '뉴스룸' 생방송 스튜디오. 재명과 배우 염정아가 나란히 앉아 있다. 비정규직 노동자들의 대량 해고 사태를 다룬 영화 〈카트〉에 대한 질의응답이 오간다.

"왜 이런 주제를 택했습니까?"

손석희 앵커의 물음에 재명은 망설임 없이 답한다.

"비정규직 감정 노동자들 중에서도 특히 힘든 처지에 있는 여성 노동자들의 이야기를 영화로 만들고 싶었어요. 우리가 애써 외면하는 일들을 영화에 끌어들여 얘기하면 많은 사람들이 현실을 돌아보고 생각할 수 있는 계기가 될 거라 생각했습니다."

그럼에도 불구하고 〈카트〉는 흥행에 성공하지 못했다. 이유는 분분하다. 〈인터스텔라〉(2014)의 광풍에 밀려 상영관이 축소되었기 때문이라는 주장도 있고, 영화적 완성도나 재미가 부족했기 때문이라는 주장도 있다.

돌아보면 재명은 김기덕 감독의 〈섬〉(2000), 비주류를 끌어안은 〈와이키키 브라더스〉(2001), 극장용 애니메이션 〈마당을 나온 암탉〉(2011), 국악 영화 〈두레소리〉(2012) 등 다양한 장르의 영화를 제작해 왔다. 또한 〈코르셋〉(1996), 〈바람난 가족〉(2003), 〈관능의 법칙〉(2014) 등에서 새로운 여성상을 제시하기도 했다. 그의 관심은 노동 문제에도 뻗어 있다. 〈관능의 법칙〉은 전 스태프가 표준근로계약을 체결하고 촬영한 국내 최초의 영화다. 〈카트〉는 비정규직 노동 문제를 정면으로 다룬 최초의 상업 영화다.

2012년 심재명, 이은은 명필름문화재단을 설립한다. 그리고 2015년 2월 영화 제작 경험과 성과를 공유하기 위해 명필름영화학교를 개교한다. 파주 출판 단지에 위치한 영화학교는 2년 과정의 무상 기숙학교 방식으로 운영된다. 300여명의 지원자 중 서류 심사와 면접을 통해 선발된 1기 합격자 10명은 한국 영화계를 대표하는 영화인들로부터 수업을 받은 뒤 실제 영화 제작에 돌입한다. 이들이 만든 영화는 극장에서 개봉할 예정이다.

2015년 명필름은 설립 20주년을 맞는다. 그동안 명필름에서 제작한 36편의 영화에는 심재명과 이은의 삶이 녹아 있다. 그들은 남이 가지 않는 길을 갔고, 어떤 작품을 제작하더라도 일정 수준 이상의 '웰메이드 영화'를 만들었다. 언젠가부터 오프닝 크레디트의 명필름이란 이름은 한국 영화의 품질 보증 마크가 되었다.

2015년 4월 임권택 연출, 안성기 주연의 〈화장〉이 개봉한다. 제작자는 심재명이다. **b**

PERSONAL HISTORY

1963 서울시 동대문구 전농동에서 2남 2녀의 둘째로 출생(4월 4일)

1976 연목초등학교 졸업

1979 한샘여자중학교 졸업

1982 휘경여자고등학교 졸업

1987 동덕여자대학교 국어국문학과 졸업, 서울극장(합동영화사) 입사

1989 극동스크린 기획실장

1990 〈미친 사랑의 노래〉 홍보

1991 〈사의 찬미〉 기획

1992 프리랜서 영화 마케터로 〈결혼이야기〉 홍보, 명기획 설립, 〈그대 안의 블루〉 기획

1993 〈아담이 눈뜰 때〉 홍보, 〈그 여자 그 남자〉 기획

1994 〈세상 밖으로〉, 〈개같은 날의〉 홍보, 이은 감독과 결혼

1995 〈닥터 봉〉 홍보, 종로구 운니동의 오피스텔에 명필름 설립

1996 창립 작품으로 〈코르셋〉 제작, 기획

1997 〈접속〉 제작

1998 〈조용한 가족〉, 〈해가 서쪽에서 뜬다면〉 제작

1999 〈해피엔드〉 제작

2000 〈섬〉 제작 및 배급, 〈공동경비구역 JSA〉 제작, 여성영화인모임 기획이사, 제23회 황금촬영상 제작공로상, 제3회 디렉터스컷 올해의 제작자상

2001 〈이야기가 브라더스〉 제작, 추계예술대학교 문화산업대학원 겸임 교수, 제24회 황금촬영상 제작공로상

2001 미국 연예지 〈버라이어티〉 선정 '주목할 만한 10인의 제작자', 홍콩 경제지 〈파 이스턴 이코노믹 리뷰〉 선정 '아시아의 변화를 주도한 인물 20인'

2004 강제규필름과 합병해 MK픽처스 설립, 〈유령〉 공동투자

2005 〈웰컴 투 동막골〉 제작

2005 〈혈의 누2〉, 〈그때 그 사람들〉, 〈연, 형아〉, 〈광식이 동생 광태〉 제작

2005 한국영화진흥위원회 3기 위원, 광주국제영화제 집행위원, 제5회 비추미 여성대상 달리상

2006 〈여교수의 은밀한 매력〉 제작 및 제작투자, 〈사생결단〉 제작투자, 〈아이스케키〉 제작, 〈구미호 가족〉 제작 및 제작투자

2007 〈극락도 살인사건〉 제작투자, MK픽처스에서 명필름 분리

2008 〈우리 생애 최고의 순간〉 제작, 〈검은 집〉 제작투자, 〈걸스카우트〉 제작투자, 〈소년은 울지 않는다〉 제작

2009 〈파주〉 제작투자

2010 〈작은 연못〉 제작투자, 〈시라노: 연애조작단〉 제작

2011 〈마당을 나온 암탉〉 제작 및 제작투자, 올해의 여성문화인상, 제31회 한국영화평론가협회상 특별상

2012 〈부러진 화살〉 마케팅, 〈건축학개론〉 제작, 〈두레소리〉 제공, 명필름문화재단 설립, 제3회 올해의 영화상 영화인상, 제3회 대중문화예술상 대통령 표창

2013 에세이집 〈엄마 에필로그〉 출간

2014 〈카드의 법칙〉, 〈카트〉 제작

2015 제6회 올해의 영화상 영화인상, 명필름영화학교 개교, 〈화장〉 제작

MYUNG FILMS

comparison

해피엔딩에 녹여낸 삶의 비극, 주류와 비주류의 변증법
그리고 영화와 음악의 무한 변주. 워킹타이틀의 성공 법칙이다.

명필름은 '한국의 워킹타이틀'로 소개되곤 한다. 영화 제목이 결정되기 전 잠정적 프로젝트명을 뜻하는 '워킹타이틀Working title'이란 이름의 제작사는 로맨틱 코미디의 산실이자 30년 전통의 영국 영화 명가다. 워킹타이틀은 1984년 뉴질랜드 출신의 팀 비반이 영국으로 건너가 사라 래드클리프와 함께 설립할 당시만 해도 구멍가게에 불과했다. 그러다 1992년 독립 영화 제작에 잔뼈가 굵은 에릭 펠너가 합류하면서 본격적인 전기를 맞는다. 여전한 팀워크를 자랑하는 공동 대표 팀과 에릭은 〈네 번의 결혼식과 한 번의 장례식〉 (1994)을 성공시키며 워킹타이틀의 이름을 각인시켰다. 이후 〈노팅 힐〉(1999), 〈어바웃 어 보이〉(2002), 〈러브 액츄얼리〉(2003)로 이어지는 영국식 로맨틱 코미디와 〈빌리 엘리어트〉(2000)와 같은 휴먼 드라마로 영국 영화의 국제적 시장성을 확인시켰다.

워킹타이틀의 영화는 영화계 변방으로 밀려나 있던 영국을 쿨하고 현대적인 장소로 재창조했다. 히드로 공항, 타워 브릿지, 템즈 강변, 지하철 튜브 등 런던에 대한 낭만적 동경을 품게 됐다면 아마 워킹타이틀 영화를 만난 시기와 일치할 것이다. 이제 워킹타이틀의 인장이 박힌 영화들은 들어도 들어도 질리지 않는 캐럴처럼 전 세계 크리스마스를 지배한다. 한국 관객에겐 로맨틱 코미디 제작사로 알려졌지만 워킹타이틀은 액션, 스릴러, 시대물 등 다양한 장르의 영화를 제작해 왔다. 명필름이 남다른 선구안으로 박찬욱, 김지운 감독을 발굴했듯 팀 로빈스, 코엔 형제 등 많은 천재 감독들이 워킹타이틀을 통해 반석을 다졌다. 작품성과 상업성을 동시에 갖춘 작품을 잇달아 내놓는다는 점에서 워킹타이틀이 걸어온 길은 명필름과 닮았다. 이번 장에서는 워킹타이틀의 영화를 관통하는 뚜렷한 정서 세 가지를 짚어 본다. 세계 영화판의 흐름을 바꾼 이 명가의 DNA는 뭘까.

068

해피엔딩에 녹여낸 삶의 비극

심재명은 "워킹타이틀 영화의 잔향이 오래가는 이유는 연애 이야기에 인생이 담겼기 때문"
이라 평한다. 그의 말대로 워킹타이틀의 로맨틱 코미디는 사랑의 순간만이 아닌, 삶 자체에
대한 롱 테이크다.

"오늘로서 32번째 새해를 맞은 나는 아직 독신이다"라는 대사로 시작하는 〈브리짓 존스의
일기〉는 골초에 알코올 중독자이며 열등감에 휩싸인 여자가 자존감을 회복해 가는 과정을
그린다. 〈네 번의 결혼식과 한 번의 장례식〉과 〈노팅 힐〉의 남자는 자신의 마음을 표현 못해
좌절하는 소심남의 전형이며, 그들 내면의 두려움이란 '장애'는 사랑을 고백하는 결단을 내
림으로써 극복된다.

크리스마스를 앞둔 19명 남녀의 얘기를 담은 〈러브 액츄얼리〉에서 갓 사랑에 눈을 뜬 소년
은 "세상에 사랑보다 고통스러운 게 있느냐"고 묻고 "인간은 모두 섬"이라던 〈어바웃 어 보
이〉의 철부지 백수는 왕따 소년과의 만남을 통해 비로소 어른이 된다.

워킹타이틀 영화에서 사람은 저마다의 섬이고, 사랑은 지독한 성장통이다. 두 남녀가 만났
다 헤어졌다를 반복하다가 결국 키스로 재회하며 끝나는 기존의 공식을 비켜 가는 대신, 두
사람이 사랑을 통해 한 뼘 성장하는 과정에 집중한다. '로맨틱 코미디'를 가장한 '로맨틱 성
장 영화'라는 이 공식은 나이와 국적을 초월해 보편적인 공감대를 끌어내는 데 성공했다.

이러한 워킹타이틀만의 브랜드를 구축한 데는 '영화 작가' 리차드 커티스의 역할이 절대적
이었다. 〈네 번의 결혼식…〉과 〈노팅 힐〉, 〈브리짓 존스의 일기〉 시나리오를 쓴 그는 직접 연
출까지 맡은 〈러브 액츄얼리〉를 촬영하는 동안 가족 3명을 잃었다. 그래서 이 영화는 '그들
의 사랑은 이뤄질까'가 아니라 '무엇이 진정한 행복인가'를 묻는 영화로 만들어졌다. 그는
해피엔딩 속에 삶의 비극을 어떻게 녹여내는지 잘 알고 있는 사람이다.

그가 오랜만에 워킹타이틀과 다시 만나 작업한 〈어바웃 타임〉(2013)은 삶과 사랑을 버무리
는 감독과 제작사의 내공이 집약된 영화다. 한 남자가 달콤한 사랑을 거쳐 어떻게 남편과 아
버지가 되어 가는지를 따뜻한 시선으로 따라간다. 커티스는 이 영화를 끝으로 은퇴를 선언
했다. 그러나 워킹타이틀표 로맨스는 계속될 것이다. 삶이 그렇듯, 사랑이 그러하듯.

주류와 비주류의 변증법

워킹타이틀의 최대 지분이 로맨틱 코미디에 있음을 부정할 수는 없지만 사실 초창기 작품들은 실험성 강한 독립 영화들이었다. 세계 영화계를 뒤흔든 많은 천재 감독을 발굴해 데뷔시킬 수 있었던 건 인간 본성과 휴머니즘에 집중하는 워킹타이틀의 철학과 심미안이 있기에 가능했다.

워킹타이틀의 첫 장편 영화 〈나의 아름다운 세탁소〉(1985)는 스티븐 프리어스 연출, 다니엘 데이 루이스 주연의 퀴어 영화다. 약 80만 달러의 저예산으로 제작된 이 영화는 영국에 건너온 파키스탄인의 삶을 다루며 성과 사회의 고정 관념에 반기를 든 논쟁작이었다.

명배우이자 감독인 팀 로빈스도 이 영화사에 빚을 졌다. 워킹타이틀은 1992년 그가 감독 겸 주연을 맡은 정치풍자 코미디 〈밥 로버츠〉를 제작했다. 당시 흥행엔 실패했지만 평단으로부터 작품성을 인정받았고, 3년 뒤 사형 제도에 묵직한 물음표를 던진 〈데드맨 워킹〉(1995)으로 흥행은 물론 아카데미 감독상 후보에까지 오르며 믿음에 보답했다.

1991년 워킹타이틀은 또 다른 걸출한 천재들과 함께 영화사에 한 획을 긋는다. 코엔 형제와의 첫 작품 〈바튼 핑크〉는 칸 영화제 황금종려상과 심사위원장을 휩쓸며 극찬을 받았다. 이후에도 워킹타이틀은 아카데미와 칸 영화제 각본상에 빛나는 걸작 〈파고〉(1997)를 비롯해 약 20년 동안 코엔 형제의 빼어난 수작들을 제작해 왔다.

90년대 후반 이후 로맨틱 코미디 장르로 브랜드가 굳어져 갈 때쯤 〈새벽의 황당한 저주〉(2004)로 '로맨틱한 좀비 영화'라는 새로운 서브 장르를 개척하기도 했다. 신인 감독 에드가 라이트는 호러에 코미디와 로맨스를 버무려 '영국판 타란티노'로 주목받았다. 워킹타이틀을 통해 개봉한 그의 후속작 〈뜨거운 녀석들〉(2007)은 영국 시골 마을에 제리 브룩하이머 스타일의 액션을 입혀 전작보다 월등한 흥행 성적을 기록했다. 워킹타이틀의 '탈로맨스'는 2000년대 이후 더욱 뚜렷해진다. 〈인터프리터〉(2005), 〈프로스트 닉슨〉(2008)과 같은 정치 스릴러를 비롯해 액션물 〈스모킹 에이스〉(2007), 〈그린 존〉(2010)을 잇달아 내놨다. 그러나 이들 장르에서조차 워킹타이틀은 멜로의 정서를 포기하지 않는다. 휴머니즘에 대한 집념은 수많은 상업 영화 속에서도 그들의 목소리를 구별하게 한다.

영화와 음악의 무한 변주

워킹타이틀 영화의 명장면은 공감각적으로 기억된다. 대사와 화면뿐 아니라 그 순간의 뭉클한 감정까지 한 올씩 소환하는 명품 오리지널 사운드 트랙 덕분이다. 대부분의 노래는 예전에 발표된 곡들로 영화의 인기를 타고 재조명되었다.

특히 리처드 커티스의 손길을 거친 작품들은 주옥같은 명곡을 남겼다. 〈노팅 힐〉의 마지막 기자 회견 장면을 떠올리면 엘비스 코스텔로의 'She'가 머릿속에서 자동 재생된다. 〈러브 액츄얼리〉 속 결혼식에 축가로 흘렀던 린든 데이비드 홀의 'All you need is love'는 누군가에게 비틀즈의 원곡보다 강하게 남아있다. 〈어바웃 타임〉의 메인 테마곡은 'How long will I love you'다. 1990년 워터 보이즈의 히트곡으로, 존 보든의 목소리와 포크 스타일의 편곡이 사랑의 기쁨을 전해 준다. 결혼식 입장곡으로 메리가 팀에게 선물한 지미 폰타나의 'Il Mondo' 역시 붉은 드레스와 함께 각인되어 사랑의 절정을 완성시킨다.

워킹타이틀에서 음악이 차지하는 비중은 OST를 넘어 뮤지컬로 확장된다. 스티븐 달드리 감독은 워킹타이틀이 제작한 영화 〈빌리 엘리어트〉(2000)에 이어 〈빌리 엘리어트 뮤지컬 라이브〉(2014)의 감독도 맡았다.

워킹타이틀의 영화에 앨튼 존이 음악을 입힌 '뮤지컬 빌리 엘리어트'는 런던 빅토리아 팰리스 극장에서 지난 2005년 3월 초연 이후 지금까지 공연되는 런던 대표 뮤지컬이다. 워킹타이틀은 이 오리지널 공연의 라이브 실황을 담아 2014년 전 세계에서 개봉했다.

이러한 콘텐츠 활용에 대해 심재명은 "워킹타이틀은 〈빌리 엘리어트〉라는 영화로 전 세계 뮤지컬 시장을 석권했고, 〈러브 액츄얼리〉나 〈어톤먼트〉도 영화와 음악을 결합해 성공시켰다. OSMU(원 소스 멀티 유즈)에 특별한 노하우를 지닌 제작사"라 평한 바 있다.

워킹타이틀은 〈빌리 엘리어트〉에 이어 또 한 번 뮤지컬로 판을 흔든다. 2012년 개봉한 〈레미제라블〉은 박스오피스 수익만 4억 5천만 달러 이상 벌어들이며 워킹타이틀 역사상 최고 흥행작으로 기록됐다(제작비는 6100만 달러). 탁월한 기획력과 음악에 대한 내공, 뮤지컬에 걸맞은 배우와 제작진을 보는 안목이 있었기에 가능했던 결과다. 이 제작사의 미래는 어쩌면 거기 있을지도 모른다. **b**

SHIM JAE-MYUNG

behind the
film

영화 제작은 프리프로덕션, 프로덕션, 포스트프로덕션의 3단계로 이루어진다.
〈건축학개론〉의 제작 과정을 통해 영화 제작의 전반을 살펴본다.

건축을 닮은 사랑 이야기가 있다. 설계도를 만들고 차곡차곡 벽을 쌓듯 사랑도 주고받는
마음이 쌓여 단단한 관계를 이루는 과정이다. 시작부터 끝까지 중요하지 않은 순간은 없
다. 단 어설픈 설계는 건축도 사랑도 미완성으로 남긴다.

〈건축학개론〉(2012) 속 어린 승민은 서연을 위한 건축 모형을 만들어 그녀의 집 앞에 찾
아간다. 서툰 고백을 준비하던 그의 눈앞에 나타난 건 만취한 서연과 강남 선배. 둘은 서연
의 집으로 들어간다. 승민은 현관문에 귀를 바짝 붙인다. 굳은 표정으로 문 너머를 상상한
다. 그러고는 그녀의 집 앞에 설계 모형을 버리고 돌아선다.

15년 뒤 승민과 서연은 다시 만난다. 서연의 집을 지으며 두 사람은 미처 몰랐던 감정을 확
인한다. 그리고 서연의 집을 완전히 허물지 않고 증축하듯 미완성으로 남았던 퍼즐 조각을
맞춘다. 첫사랑은 '기억의 습작'으로 남겠지만 그래서 더 각별하다.

영화는 건축과 같다. 시나리오라는 설계도를 만들고 제작사와 감독, 배우, 스태프는 한 컷
한 컷 영화를 완성해 간다. 이용주 감독은 "건축은 무엇을 더하고 뺄 것인가를 끊임없이 고
민하는 과정"이라 했다. 영화도 그렇다. 어떤 대사를 넣고 뺄 것인가부터 배우와 장소를 섭
외하는 과정, 콘티를 만드는 과정, 촬영 계획부터 마지막 편집까지.

이번 챕터에서는 〈건축학개론〉의 제작 과정을 통해 영화 제작의 전반을 살펴본다. 이 영화
를 담당했던 김균희 프로듀서를 만나 장시간 인터뷰했다. 여기 건축을 닮은 사랑 이야기가
있다. 그리고 건축을 닮은 영화 제작기가 있다.

073

2973대

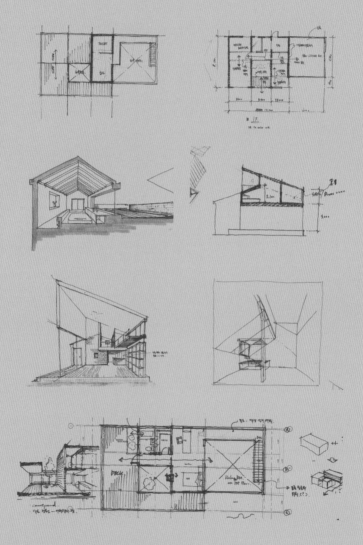

프리프로덕션 촬영과 관련된 모든 과정을 계획·준비하는 단계

"10년간 1만 개의 신Scene을 만들었다." 이용주 감독의 농담이 과언이 아닐 만큼 〈건축학개론〉은 오랫동안 충무로를 떠돌던 시나리오였다. 50여 명의 배우와 그보다 많은 수의 투자사가 거절했다. 그 사이 여주인공의 설정은 아나운서, 매 맞는 주부, 한물간 아이돌 등으로 바뀌었다. 2010년 명필름과 계약 후 '건축'이라는 요소가 부각된 시나리오가 완성되었다. 감독이 쓴 초고와 가장 비슷했다.

캐스팅은 여전히 난항이었다. 배우들로선 20대와 30대를 모두 소화해야 하는 부담이 있었다. 감독은 10여 년 전과 현재의 나를 분리하는 2인 1역이라는 묘수를 냈다. 관객 몰입을 고려해 닮은꼴 배우들의 리스트를 만들었다. 그렇게 해서 엄태웅-이제훈, 한가인-배수지 조합이 탄생했다. 크랭크인을 한 달 앞두고도 정해지지 않던 인물은 '납뜩이'. 새 얼굴을 발굴하려고 오디션을 열기도 했다. 결국 심 대표의 제안으로 '조정석'이 발탁되었다.

투자·배급은 롯데엔터테인먼트가 맡았다. 계약은 보통 시나리오 단계에서 이루어지나 요즘은 시나리오, 제작사, 감독, 배우 등의 패키지로 결정하는 추세다. 명필름과 〈마당을 나온 암탉〉, 〈시라노; 연애 조작단〉을 함께 했던 선례가 있어 투자가 수월히 결정되었다.

예산은 보통 프로듀서와 라인 프로듀서가 짠다. 〈건축학개론〉은 예산이 넉넉한 편은 아니었다. 하지만 서연의 집이 세트(임시 건물)로 지어져 부담이 덜했다. 게다가 명필름은 시나리오 개발 무렵에 다른 용도로 사용할 겸 제주도 부지를 구입했다.

촬영 준비로 먼저 하는 건 로케이션 헌팅이다. 장소가 결정되어야 콘티를 짜고 촬영 계획도 세울 수 있다. 강북 사는 승민과 반지하에 살지언정 강남에 사는 서연의 대비를 보여 줄 장소를 찾았다. 서연의 집 세트는 감독과 대학 동창인 구승회 소장이 맡았다. 왼쪽 스케치에서 보듯 원래 집 모양을 유지하면서 증축하는 방향으로 결정했다.

그림 콘티와 신 구분표(미술팀, 인물팀, CG팀 등 각 부서에서 준비한 것을 합쳐 연출부에서 만든다. 신 촬영에 관한 모든 정보가 담긴다)도 만든다. 일일 촬영 계획과 전체적인 촬영 일정도 짠다. 의상 분장팀은 90년대 유행했던 헤어나 의상 자료를 모았다. 인물 성격에 맞는 의상을 결정한 뒤 배우들을 불러 실제 입혀 보았다.

프로덕션 프리프로덕션 때 세운 계획을 실천하는 단계

촬영 현장에는 크게 제작부와 연출부가 있다. 제작부는 예산과 일정을 관리한다. 예산에 맞는 엑스트라는 몇 명인지부터 '밥차'가 제시간에 알맞은 분량으로 왔는지까지 확인한다. 그리고 매일 '프로덕션 리포트'(예산 사용 내용, 촬영 진행 사항, 변수에 대한 대처 등을 상세히 기록)를 작성한다. 연출부는 촬영 준비를 한다. 묶어서 찍을 장면을 정리하고 조연, 단역 배우에게 연락을 돌린다. 이 밖에도 촬영 의상, 소품 등이 잘 준비됐는지 확인한다. 〈건축학개론〉은 배우 스케줄이 가장 큰 변수였다. 엄태웅은 〈1박 2일〉, 한가인은 〈해를 품은 달〉, 이제훈은 〈점쟁이들〉을 촬영했고 수지도 연말 공연으로 바빴다. 촬영이 한번 밀리면 스케줄 조정이 복잡해 일정 엄수가 중요했다. 집이 지어지는 과정을 보여 주기 위해 제주도 촬영도 세 번에 걸쳐 진행되었다.

가장 오래 찍은 장면은 어린 승민과 서연의 키스 장면. 마음에 드는 각도가 나올 때까지 몇 번이고 반복했다. 해외 공연을 다녀와 피곤했던 수지는 이제훈에게 기대어 실제로 잠들었다. 잠을 깨는 서연의 표정이 자연스러워 이 장면을 영화에 사용했다. 한가인, 엄태웅의 제주도 키스 장면도 꽤 오래 걸렸다. 멜로 영화이니만큼 각도나 조명에 특히 신경을 썼다.

한가인과 엄태웅이 카페에서 대화를 나누는 장면이 첫 촬영이었고, '기억의 습작'을 듣는 서연의 모습을 맨 마지막으로 찍었다. 보통의 영화 촬영 기간(3개월)보다 빠른 2.5개월이 걸렸다. 시나리오 분량을 적절히 조정해 필요하지 않다고 판단한 장면은 촬영하지 않았기 때문에 가능했다. 보험왕이 된 30대 '납뜩이' 촬영 계획이 사라진 게 대표적이다.

신의 길이에 따라 다르지만 보통 하루에 2, 3신을 찍는다. 시간으로 치면 2, 3분 정도다. 이 짧은 분량을 위해 매일 같이 배우와 스태프들이 만난다. 상주하는 스태프는 40여 명 정도였다. 스태프들끼리는 서로 잘 알지만 배우들은 자주 대면하는 스태프 외에는 알기 어렵다. 때문에 어떤 스태프는 자주 마주친 적 없는 배우가 자신의 이름을 알고 있어 감동하기도 했다. 배우들은 보이지 않은 곳에서 고생하는 스태프들을 위해 통 크게 지갑을 열었다. 이제훈은 점퍼를 샀고, 한가인은 제주도 흑돼지를 샀다. 수지는 핸드크림을 선물하고 크리스마스 때는 스태프 전원에게 친필 카드를 돌렸다.

076

포스트 프로덕션 촬영 종료 후 영화 상영 전까지의 단계

편집은 영화를 완성하는 마지막 단계다. 감독이 대략적인 편집을 마친 뒤 제작자가 편집 감독과 함께 세부 편집에 들어간다. 〈건축학개론〉에선 신의 한 수라 할 만한 편집이 있었다. 바로 승민이 서연에게 "꺼져 줄래?"를 외치는 장면. 이 신은 승민이 술 취한 서연과 강남 선배가 집에 함께 들어가는 것을 본 다음 날이다. 시간 흐름상 바로 "꺼져 줄래?"가 나와야 하지만 한남대교를 건너와 납뜩이의 품에서 우는 것으로 시퀀스를 끝냈다. 대신 30대 승민과 서연이 서로가 첫사랑임을 알고 키스하는 장면 뒤에 붙였다. 헤어진 이유가 뒤늦게 설명되는 것이다. 적절한 분리와 배치로 기억에 남는 장면이 탄생했다.

멜로 영화에도 CG가 필요하다. 서연과 승민이 강남 선배의 차를 타고 가는 장면이 그랬다. 도로 촬영은 통제가 어렵고 무엇보다 90년대 배경이 있어야 하기에 세트 촬영을 했다. 자연스러운 장면을 위해 스태프들이 바깥에서 차를 흔들었다. 이 밖에도 제주도 집 근처 전깃줄, 시대적 상황에 맞지 않은 것들을 CG로 제거했다. 현장 녹음 상황이 좋지 않거나 연기가 아쉬울 때는 후시 녹음을 한다. 한가인과 엄태웅의 카페 대화 장면도 다시 녹음했다. 카페 문을 열고 촬영할 때 들어온 소음 때문이었다.

편집이 끝나면 먼저 '기술 시사'를 연다. 이때는 감독, 제작사, 스태프가 참여한다. 이후 언론·배급 시사, VIP 시사, 일반 시사 순으로 열린다. 배급의 규모는 배급 시사와 마케팅을 위해 조사된 출구 조사, 기대도, 선호도 등의 자료를 토대로 정해진다. 개봉 당시의 사회적 상황이나 계절 등 외부 요인도 영향을 끼친다. 〈건축학개론〉의 경우 영화 관객 수가 줄어드는 비수기(3월)에 개봉했지만 좋은 성적을 거두었다.

마케팅도 중요하다. 홍보만으로 졸작을 대작으로 만들 순 없지만 홍보 부족은 대작을 졸작으로 만들기도 한다. 영화 마케팅을 중요하게 생각하는 명필름은 프리프로덕션 단계부터 이 부분을 고민했다. 제작 계획서를 작성할 때 화제성, 대중성, 차별점 등 마케팅 포인트를 정리했다. 그것을 토대로 세분된 홍보 마케팅 전략도 짰다. 이 영화는 크게 세 개의 키워드가 있다. 90년대, 건축 그리고 감성적인 음악이다. 마침 그 시기에 땅콩집, 내 집 짓기 열풍 등 건축 이슈와 관련된 도서가 많이 출간되어 긍정적인 영향을 끼쳤다. **b**

SE**C**OM

in-depth

story

INTERVIEW

모든 게 부족했다. 그래서 채울 수 있었다.
충무로 최고의 제작자를 만든 것은 열등감이었다.

베토벤 교향곡이 멈춘다. 주말 저녁이면 어디를 틀어도 나오는 개그맨이 마이크를 잡는다. 최신 유행어로 장내 소란을 정리한다. 일순 정적이 감도는 행사장. 단아한 드레스를 차려 입은 여배우가 헐떡이며 들어온다. 여기저기 플래시가 터진다. 다행히 늦진 않았다. 개그 맨이 말한다. "그러면 지금부터 우리 영화계의 자랑, 미다스의 손을 낳아 주시고 길러 주신 아무개 선생님의 팔순 잔치를 시작하겠습니다." 명제작자의 삶은 이럴 줄 알았다. 그런데 모두 오산이었다.

서울 사직공원 근처 명필름 사옥을 찾았다. 좁은 골목을 지나 파란 대문을 열자 오래된 2 층 단독 주택이 눈에 들어왔다. 베토벤 교향곡이나 유명 배우와는 거리가 멀어 보였다. 인 터폰을 누르고 1층 현관으로 들어섰다. 유리를 끼우지 않은 진열장에 상패와 트로피가 즐 비했다. 두 남녀가 커다란 종을 떠받치고 있는 대종상 트로피가 보였다. 심재명 대표의 오 랜 경륜을 증명하듯 도금한 청동이 부식되어 푸른빛을 발하고 있었다. 진열장 위엔 〈공동 경비구역 JSA〉의 포스터 액자와 곧 개봉할 영화의 마케팅 일정표가 걸려 있었다.

응접실에 앉아 그를 기다렸다. 명필름에서 제작한 영화들의 스틸 사진이 벽에 가득했다. 〈 접속〉과 〈우리 생애 최고의 순간〉, 〈조용한 가족〉이 보였다. 배우 이혜은이 웨딩드레스를 입고 있는 〈코르셋〉의 사진이 조금 비뚤어져 바로잡았다. 그러는 사이 심재명이 나타났다. 약속 시간 5분 전이었다. 검은색 오버사이즈 재킷에 검은색 배기팬츠 차림. 그제야 영화계 명사를 만나러 왔음을 실감했다. 그가 먼저 입을 열었다.

"창간호에선 이어령 선생님을 하셨던데 제가 덥석 하겠다고 하고 나서 얼마나 후회를 했는지. 그땐 경황이 없어서……."

실제로 그는 인터뷰 횟수와 시간을 묻더니 취재 요청에 곧바로 응했다. 잡지의 기획 의도가 마음에 들었는지, 아니면 곧 개봉할 영화의 홍보를 위해서였는지는 알 수 없지만 결정이 신속했다. 나는 곧장 반박했다.

충무로 최고의 제작자 아니십니까? "아유, 제가 무슨. 연배로 보나 뭐로 보나 아직 한참 멀었죠."

그는 웃으며 말했다.

명함을 교환하고 근황을 물었더니 그가 되물었다.

"녹음 안 해도 괜찮겠어요? 인터뷰가 길 텐데."

인터뷰어의 밥벌이까지 챙기려면 사는 게 적이 고단하겠다는 생각이 들었다. 녹음기의 전원 버튼을 누르고 우리는 긴 얘기를 시작했다.

명필름의 36번째 영화 〈화장〉이 개봉을 앞두고 있습니다. 임권택 감독님과는 첫 작업이셨죠? "감독님의 영화를 프로듀싱하고 싶은 마음은 늘 있었어요. 20대 때 감독님의 영화를 보면서 영화인의 꿈을 키웠으니까요. 제 오랜 소망이기도 했고 우리 영화계에도 뜻 깊은 일이 되지 않을까 싶었어요. 누가 그 얘기를 감독님께 전해 주셨는데, 저와 가깝게 지내던 부산국제영화제 이용관 집행위원장님, 강수연 배우, 이런 분들이 분위기를 몰아가면서 감독님과 만나게 되었어요. 감독님 입장에선 제가 훨씬 젊은 영화인인데 적극적으로 제작을 같이 하고 싶다고 한 게 고맙다고 하시면서 무슨 작품이 좋을지 이야기를 나누었죠."

그럼 작품보다 감독이 먼저 정해졌군요. "네. 감독님이 저희한테 작품을 제안해 보라고 하셨어요. 2004년에 이상문학상 대상을 받은 작품이 떠올라서 감독님께 말씀드렸죠. 당시에 원작을 읽고 굉장히 영화화하고 싶었거든요. 그땐 다른 분이 추진하고 계셔서 포기했는데, 그분이 개발 기간 5년을 넘겨서 영화 권리가 다시 원작자인 김훈 작가님에게 돌아갔어요. 그래서 저희가 허락을 받고 하게 된 거죠."

김훈 작가님은 뭐라고 하던가요? "다른 매체에 대해 특별한 저항감은 없으셨던 것 같아요. 《칼의 노래》도 드라마로 만들어졌으니까요. 임권택 감독님이 작가님의 작품을 영화화하고

싶다고 하니까 굉장히 좋아하셨던 것 같아요."

김훈의 단편 소설 〈화장〉은 뇌종양으로 죽어가는 아내와 매혹적인 젊은 여성을 병치하여 죽음과 삶에 대한 근원적 질문을 던지는 작품이다. 작품명은 장례 의식인 화장火葬과 얼굴을 꾸미는 화장化粧을 동시에 의미한다.

그 소설은 서사보다 내면 갈등이 두드러져서 영화화하기가 쉽지 않았을 텐데요. "네, 맞아요. 50쪽짜리 단편을 100분 분량의 장편 영화로 만들려니 새로운 이야기도 넣어야 하고 색다른 영화적 해석도 있어야 하는데 그런 부분이 쉽지 않았죠. 김훈 작가님은 50대 중년 남성 앞에 놓인 삶과 죽음, 욕망과 절망을 완벽한 문장으로 썼는데, 이걸 젊은 감독들 말고 중년의 삶을 이해하고 경험한 임 감독님이 하시면 어떨까 싶었어요."

임 감독님이 영화계 대선배여서 제작자로서 애로가 많았겠습니다. "아무래도 부담이 많이 됐죠. 감독님의 102번째 작품에 누가 되지 않아야 한다는 영화적 책임감도 컸고요. 그래도 저희보단 감독님이 고생을 많이 하셨어요. 시나리오를 의사 출신의 젊은 여자 작가가 썼는데, 처음 만난 여자 작가와 작업하시는 것도 힘드셨을 것 같아요. 명필름이란 회사와 만나서 하시는 것도 만만치 않으셨을 테고요. 또 국제 영화제 출품 기한에 맞추느라 1월 1일에 크랭크인해서 43회 차를 빠르게 찍었거든요. 감독님이 감기 몸살에 시달리면서까지 촬영 현장에서 고생을 많이 하셨죠. 그래도 후반 작업에 있어서 저희 의견을 굉장히 흔쾌히 받아들여 주셨어요."

제작비는 얼마나 들었습니까? "26억 5천만 원 정도 들었어요."

마케팅비는요? "아직 확정은 안 됐는데 10억 원 이상은 써야 해요. 요즘은 대부분 대기업한테 투자를 받는데 이 영화는 그러지 못했어요. 그래서 저희 회사의 투자와 영화 전문 투자자들의 투자금이 들어가야 하는데 아직도 투자를 다 받지 못했어요. 숙제가 아직 남아 있죠."

그런 투자자들은 어디서 만납니까? "투자자를 찾아가기도 하고 투자자가 찾아오기도 하고 그러죠."

63빌딩 꼭대기 레스토랑 같은 데서 만나는 겁니까? "아뇨. 각자의 회사 사무실에서 만나죠. 카페에서 만나기도 하고요."

투자자를 설득하는 비결이 있을까요? "진심을 다해서 얘기하는 것 말고는 따로 없어요. 자기 확신이 있어야 상대방을 설득할 수 있겠죠. 스스로도 오리무중이고 헷갈린다면 어떻게 상대를 설득하겠어요. 그래서 진행하는 프로젝트에서 내가 생각하는 확신의 지점은 무엇인지를 생각하고 그것을 잘 전달하려고 최선의 노력을 할 뿐이죠."

이 영화의 손익 분기점은 어떻게 됩니까? "1백만 명이에요."

극장 측 수익과 각종 세금을 제하면 투자·제작사의 수익은 관객 1인당 3천 원꼴이다. 투자 지분에 따라 투자사에 우선 배분하고 남은 금액의 최대 40%가 제작사의 몫이다.

완성된 영화를 보니 어떠세요? 흥행이 될 것 같습니까? "그건 진짜 모르겠어요. 요즘은 영화 양극화 현상이 심해져서 소위 말하는 대박 영화들이 나오는 대신 다양한 장르의 영화들은 위축되고 있어요. 미국이나 유럽에선 찾아볼 수 없는 수직 계열화, 이를테면 배급을 하는 쪽이 투자도 하고 상영도 하고 심지어 제작까지 하는 상황에서 〈화장〉 같은 '어른들의 영화'에 관객들이 얼마나 와 줄지 걱정이 되죠. 영화를 보는 수요가 공급을 창출해야 하는데 요즘은 공급이 만들어 낸 시스템 안에서 수요가 창출되고 있거든요."

심재명은 한동안 대기업 계열의 멀티플렉스가 자사 영화나 대작 영화에 상영관을 몰아주는 스크린 독과점 문제를 지적했다. 실제로 지난해 명필름에서 제작한 〈카트〉는 할리우드 대작 〈인터스텔라〉에 밀려 개봉 일주일 만에 상영 횟수가 반감했다. 관객 수는 자연히 급감했다. 개봉 첫 주 주말 42만 명을 동원하며 박스 오피스 2위에 올랐지만 둘째 주 주말엔 8만 명에 그쳤다. 우리는 제작 얘기로 다시 돌아갔다.

영화 제작자는 뭐하는 사람입니까? "한 집안의 살림과 식구들을 책임지는 가장인 것 같아요. 엄마나 아버지라고 할 수 있겠죠. 영화를 만들기 위한 출발부터 완성까지를 책임지고 관리하는 사람이에요. 제작자는 누가 어떤 이야기를 세상에 내놓고 싶다고 했을 때 그것을 발견하고, 필요한 자본과 스태프, 배우, 제작 환경을 마련하고, 관객과 만날 수 있는 배급과 마케팅까지 아울러야 하거든요."

그럼 감독이나 작가는 그 집안에서 어떤 역할이죠? "장녀나 장남이겠죠? 하하."

제작자라는 개념은 언제 생긴 겁니까? "고전적 의미의 제작자는 자본과 제작 환경을 마련하는 성격이 강했어요. 그러다가 1990년대 초반에 영화 콘텐츠의 창작 부분에 관여하는 기획자들이 나타났어요. 영화사 신씨네의 신철 대표님을 필두로 관객의 니즈를 파악하는 마케팅 개념도 생겨났죠. 그 뒤로 대기업이 영상 산업에 진출해 투자를 시작하면서 제작자의 시대가 열렸어요."

그는 90년대 초반에 나타난 프로듀서 1.5세대에 포함된다.

제작자에게 필요한 역량으론 무엇이 있을까요? "상업 영화의 최종 책임자는 제작자예요. 예를 들어 어떤 영화가 법적 문제로 소송에 휘말렸을 때 그 소송의 진행과 책임은 제작자의 몫이거든요. 영화 수익의 정산과 배분도 다 제작자가 하는 거예요. 그런 면에서 제작자는 책임감이 남달라야 해요. 또 영화 일은 매 순간이 판단의 연속이에요. 이 이야기를 시나리오로 쓸 것인가, 이 시나리오를 완고로 끝내고 투자자를 만날 것인가, 어떤 배우와 스태프를 기용할 것인가. 물론 이런 판단을 혼자 하는 건 아니지만 한순간도 긴장을 늦출 수 없죠. 영화는 공동 작업이기 때문에 소통 능력도 대단히 중요해요. 작가나 감독이 생각하는 바를 이해하고 동시에 내가 원하는 바를 설득해서 최선의 결과를 내야 하죠. 창의적인 능력이나 비즈니스 능력도 중요하지만 제작자에게 가장 중요한 역량은 소통 능력과 책임감이라고 생각해요."

장고 끝에 악수惡手를 두는 제작자들도 많습니다. 대표님은 흥행 타율이 비교적 좋으신데 무슨 비법이라도 있습니까? "글쎄요…… 어떤 공부를 해야지, 더 많은 사람을 만나야지, 이런 구체적인 행위도 중요하지만 자신의 판단이나 능력을 유지하기 위해서는 항상 깨어 있어야 한다고 생각해요. 물이 고이지 않도록 해야죠."

그러니까 물이 고이지 않도록 어떤 일들을 하시나요? "하하. 진짜 별로 없는데. 이번에 대학에 들어가는 저희 딸이 영화를 만드는 데 큰 힘이 되는 것 같아요. 요즘 아이들이 좋아하는 문화 콘텐츠가 뭔지, 성향이 어떤지 애써 공부하기보다는 저희 딸하고 얘기하면서 얻는 것이 많아요. 〈건축학개론〉 캐스팅을 할 때도 전 수지 양을 잘 몰랐어요. 그런데 제 딸이 아이돌 가수 중에 미모로 포지셔닝된 가수가 수지 양이라는 얘기를 했어요. 그 배역은 남성들의 판타지인 첫사랑을 구현해야 하니까 아름다운 외모가 있어야 했죠."

나이 들어감이 제작자로서의 판단에 도움이 됩니까? 1997년에 〈접속〉을 히트시켰을 때 서른다섯이셨는데 그때의 감과 지금의 감은 확실히 다를 텐데요. "상업 영화를 만들어 내는 감각이나 감수성, 트렌드를 쫓아가는 능력은 현저히 떨어졌겠죠. 그건 어쩔 수 없는 것 같아요. 다만 그동안 쌓은 경험과 만난 사람들이 있으니까 세상을 보는 시선이 그때보다 덜 어리석을 수 있겠다는 생각이 들어요."

⟨화장⟩처럼 중년의 삶을 다루는 것이 향후 대표님의 영화적 화두가 될 수 있겠군요. "의도를 가지고 그런 이야기를 선택한 건 아니지만 저 역시 나이 들고 아프고 늙고 병들어 죽는 것과 가까워지니까 자연스럽게 그런 이야기를 하게 되는 것 같아요."

요즘은 감독이 직접 제작자로 나서는 경우도 많습니다. "제작사를 차리고 제작자 역할까지 하게 되면 아무래도 감당해야 될 일이 많죠. 회사 경영도 책임져야 되고, 같이 일하는 사람들의 먹고사는 문제도 책임져야 되고요. 감독이 연출과 제작을 겸한다면 본인한테 많은 부담이 될 것 같아요. 한 가지 일을 하다가 두 가지 일을 하게 되면 벅찬 건 당연한 거죠. 그런 부분에 대한 우려는 있어요."

심재명의 말에는 군더더기가 없었다. 간결하고 명료한 말은 중저음의 목소리에 퍽 어울렸다. 이제껏 36편의 영화를 제작하면서 수없이 많은 선택과 판단을 내려온 명제작자다웠다. 인터뷰를 마치고 녹음 파일을 다시 들었을 때 당시엔 알아차리지 못했던 특이점을 발견했다. 그는 '-되다'와 같은 피동형 문장과 '-것 같다'는 완곡한 표현을 자주 사용했다. 겉보기와는 달리 내성적인 성격의 일면을 드러내는 언어 습관으로 여겨져 가급적 원문 그대로 실었다.

대표님께선 흥행될 영화보다 찍고 싶은 영화를 만드는 분이라고 들었습니다. "일단 제 마음이 동해야 되는 것 같아요. 사실 어떤 영화도 흥행 가능성을 정확히 예측할 수는 없어요. 흥행이 될까 싶었던 작품이 흥행이 되기도 하니까요. 제작자라면 흥행을 기대하기보다 흥행이 되게 해야죠. 예술 영화든 상업 영화든 투입된 돈의 손익 분기점을 맞추는 게 제작자의 역할이니까요. 그러다 보니까 제가 잘 모르거나 관심이 없거나 제 마음을 움직이지 않는 이야기는 안 하는 게 아니라 하지 못하죠. 왜냐하면 영화는 몇 년씩 걸리는 작업이기 때문에 그 시간 동안 흥미롭지 않은 이야기를 붙들고 영화를 만드는 건 굉장히 힘든 일이에요."

그럼 대표님의 마음을 움직이는 이야기는 어떤 겁니까? "명필름이 만든 영화들이겠죠. ⟨카트⟩처럼 비정규직 노동자 중에서도 여성 노동자 이야기, ⟨마당을 나온 암탉⟩처럼 자기 정체성에 대한 이야기, 〈건축학개론〉처럼 복고라고 할 순 없지만 그런 보편적인 감성이라든 가. 저희가 만드는 영화가 곧 이은(심 대표의 남편, 명필름 공동 대표)과 심재명의 관심사, 가치관의 반영이라는 생각이 들어요."

흥행을 위한 필수 조건이 있습니까? "딱히 정해져 있진 않아요. 여러 가지 상황과 조건이 맞물리는 거죠."

그래도 굳이 따지자면 뭐가 제일 중요할까요? "어떤 이야기인지가 중요하겠죠. 시나리오 의 완성도 측면보다 과연 흥미로운 이야기인가 하는 것이 우선하죠."

시나리오는 보통 얼마나 읽으세요? "일주일에 서너 편쯤 읽어요. 처음엔 소설책 보듯 쭉 읽고, 그 다음엔 설계도 보듯 꼼꼼하게 분석하면서 읽죠."

거절한 시나리오 중에 다른 영화사에서 크게 성공한 작품이 있나요? "아유, 많죠. 가장 기 억에 남는 건 봉준호 감독의 〈괴물〉(2006)이에요. 투자 제안을 받았었는데 수익이 안 날 거라고 봤어요. 일단 제작비가 너무 컸고 당시 우리나라 영화 기술로 괴물의 리얼리티를 살릴 수 있을지 의문이었어요. 그런데 아주 보란 듯이 잘 만들고 결과도 좋아서 기억에 남 네요."

그 영화가 관객 1300만 명을 동원했는데 아쉽지는 않으세요? "영화마다 임자가 있는 것 같아요. 누가 만들고 언제 개봉하느냐에 따라 달라지는 거죠."

틀린 말은 아니다. 410만 관객을 동원하며 첫사랑 열풍을 몰고 온 〈건축학개론〉(2012)은 충무로를 10년간 떠돌던 시나리오였다.

영화를 '편집의 예술'이라고도 합니다만 명필름은 편집 요구가 유난히 많다고 들었습니다. "제작자로서의 책임감 때문이죠. 제 영화적 역량을 과신하는 건 아니지만 제작자의 판단이 나 생각도 굉장히 중요해요. 그것이 고집이나 오기가 되면 안 되지만 영화의 완성도에 있 어서는 끝까지 포기하지 않으려고 해요."

주로 어떤 부분을 편집하나요? "음, 뭐랄까요…… 이런 컷이 들어가면 많은 사람들이 울고 웃을 거야, 이런 것보다는 되도록 절제하려고 해요. 과잉을 피하는 거죠. 예를 들어 음악을 좀 더 절제하고 편집 타이밍이나 리듬도 좀 더 빠르게 가져가는 거죠. 그래서 저희 영화들 이 대체로 담백한 것 같아요."

편집 과정에서 내용이 크게 바뀐 영화가 있습니까? 〈해피엔드〉(1999) 보셨어요? 최민식 씨가 아내(전도연 분)를 살해하는 장면이 원래는 상상 장면이었어요. 편집하면서 실제 살해로 바뀌었죠."

최민식 씨가 불쾌해 하진 않던가요? 그리고 보면 20년간 영화 제작을 하셨지만 '명필름 사단'이란 말은 없습니다. "촬영할 때 설정한 연기 톤이나 해석이 달라지니까 최민식 씨가 아쉬움을 토로했었죠. 그렇다고 관계가 소원해진 건 아니에요. 함께 작업하고 싶어도 안 되는 경우가 많아요. 90년대 초중반에 저희랑 했던 김기덕, 김지운, 박찬욱 감독님은 당대의 대표적인 명감독이 되셨잖아요. 그분들이 명필름을 피하는 것도 아니고 저희가 그분들을 피하는 것도 아닌데, 워낙 역동적으로 변하는 한국 영화계에서 각자의 역량을 필요로 하는 곳이 너무 많은 거죠. 또 저나 이은 대표가 사단을 만드는 캐릭터도 아니고. 저 보시면 사단, 리더십, 이런 거 전혀 없어 보이잖아요? 하하."

심재명은 1963년 서울에서 2남 2녀의 둘째로 태어났다. 아버지의 사업이 기울면서 여섯 식구는 서울의 변두리를 전전했다. 한가로움이 죄악이라도 되듯 어머니는 쉬지 않고 일했다. 사 남매를 키우며 인형 눈을 붙이고 봉투를 붙였다. 억척스런 어머니 덕분에 심재명은 또래보다 일찍 어른이 되었다. 그는 초등학교 6학년 때부터 아르바이트를 시작했다.

어린 시절에 가정 형편이 어려웠다고 들었습니다. "가난이 싫을 정도였어요. 쌀독에 쌀이 떨어진다거나 고기반찬을 먹을 수 없다거나 그랬어요. 빚쟁이들이 안방까지 들어온 적도 있었죠. 아버님이 솜을 만드는 섬유 공장을 하셨는데 부침이 심해서 자가에서 전세로, 월세로 스무 번도 넘게 이사를 다녔어요."

부모님의 교육 방침은 어땠나요? "남다른 교육 철학이나 방침은 없었어요. 자식들한테 자랑스럽게 내놓을 만한 부와 명예가 있다거나 교육을 많이 받으신 분들은 아니었으니까요. 돌이켜 보면 그래서 편견이 없으셨던 것 같아요. 부모 세대가 이룬 것이 많고 자기 생각과 가치관이 확고하면 자녀에게 바라는 것이 많을 텐데, 저희 부모님은 너무 평범하셨기 때문에 제게 어떤 사람이 되라고 강요하지 않으셨어요. 무슨 일을 하더라도 남한테 폐 끼치지 않고 자기 앞가림을 해야 한다는 정도였죠. 그러다 보니까 제가 더 자발성을 발휘하고 독립성을 가지게 된 것 같아요."

어릴 땐 어떤 아이셨어요? "엉뚱하고 고집 세고…… 감수성이 충만한, 조숙한 아이였던 것 같아요."

고집이 얼마나 셌는데요? "엄마가 하라고 하는 건 무조건 하지 않았어요. 밥을 먹으라고 하면 일부러 안 먹고 빨리 자라고 하면 더 늦게 잤어요. 무언가를 이루는 것에 대해선 엄마가 잘 알지도 못하셨고 저한테 강요하지도 않으셨지만, 실제 살아가는 데 있어서는 굉장히 간섭을 많이 하셨어요. 그러다 보니까 반발심이 컸던 것 같아요. 사춘기도 더 격렬하게 겪었고. 한 달에 한 번 정도는 학교를 안 가기도 했어요."

학교에 안 가면 어딜 갑니까? "그냥 집에 있어요. '지금은 몇 교시겠구나' 하면서 공상과 망상 속에서 책을 읽거나 그랬죠. 하하."

망상이라뇨? "《소공녀》라는 책을 보면 가난한 다락방에 사는 세라가 풍부한 상상력으로 역경을 이겨 내는데, 저도 제 가난한 방에서 꿈을 꾸는 거예요. 내 방을 어떻게 꾸미고, 내가 좋아하는 어떤 친구랑 뭘 어떻게 하고…… 사춘기 땐 상상을 너무 많이 해서 이게 거의 망상의 병이 아닐까 싶었죠."

어머니께서 학교에 가라고 하시진 않았나요? "그래도 말을 안 듣죠. 거짓말로 아프다고 하고. 하하."

청개구리셨군요. "집에서도 별명이 청개구리, 고집불통, 그런 식이었어요."

학교에선 뭐였습니까? "학교에선 별로 없었던 것 같아요. 약간 왕따였거든요. 그땐 왕따라는 말이 없었지만 돌이켜 보면 '내가 왕따였나?' 이런 생각이 들기도 해요."

모범생도 아니고 불량 학생도 아니고 좀 애매합니다. "큰 비행을 저지르진 않았지만 자잘한 사고는 조금씩 쳤어요. 수업 시간에 잡지를 읽는다거나 이름표를 안 단다거나 지각을 한다거나, 뭐 그런 교칙 같은 걸 잘 안 지켰어요. 하하."

유년 시절을 한마디로 정의한다면 뭘까요? "글쎄요…… 외로웠지만 격렬했다? 그 정도가 아닐까 싶은데."

외롭다는 게 어떤 의미입니까? 식구도 많으셨는데요. "지나치게 가난이 창피했어요. 가난한 집을 보여 주기 싫어서 친구들이 집에 오는 일도 거의 없었죠. 혼자 등교하고 하교하고 혼자 영화 보러 다니고 그랬어요. 우리 집은 왜 가난한가, 나는 왜 예쁘지 않은가, 나는 왜 키가 작은가, 나는 왜 공부를 못하나. 콤플렉스가 많았죠. 열등감이 성장에 있어서 큰 자극이 되기도 하지만, 당시엔 필요 이상으로 열등감을 가졌던 것 같아요. 어리석고 쓸데없을 정도로. 어린 아이치고 되게 어두웠죠. 그래서 외로웠다는 생각이 들어요.

그러면서도 내가 무엇을 하고 싶은지에 대한 구체적인 꿈을 가지고 있었어요. 예를 들면 그림에 대한 욕망이 있었어요. 도서관에서 화집을 훔치거나 그림을 오려 내기도 했죠. 네 살 위 오빠의 중학교 미술책에 실린 작은 삽화가 저한테는 아주 절절했어요. 미술 교과서일 뿐인데 제겐 비싼 도판이 있는 화집만큼 생생했거든요. 또 저희 집엔 없던 비싼 문학 전집을 친구한테 빌려서 다 읽었어요. 그림이나 문학, 영화에 대해 격적적인 꿈을 꾸었죠. 아, 난 뭘 해야 하나, 난 좋아하는 게 없네, 이런 게 아니라 꿈꾸고 좋아하는 게 많았던 시절이었어요."

그럼 영화를 해야겠다는 생각은 언제 하신 겁니까? "원래는 화가가 되는 게 꿈이었어요. 그러다 중학교 2학년 때 티브이 '주말의 명화'에서 〈몽파르나스의 등불〉이란 영화를 봤어요. 후기 인상파의 대표적 화가인 모딜리아니의 삶을 다룬 전기 영화인데요, 내가 좋아하는 화가의 삶을 소설이나 평전이 아니라 영화란 매체를 통해 확인하면서 굉장한 감동을 받았어요. 영화에 빠지게 된 특별한 순간이었죠. 그때부터 영화를 동경하게 된 것 같아요. 그러면서 영화를 많이 보러 다녔죠."

그때 보신 영화들 기억나세요? "아유, 그럼요. 장 가뱅, 알랭 들롱이 나왔던 〈암흑가의 두 사람〉이라든가 〈닥터 지바고〉라든가 대한극장에서 봤던 〈남과 여〉라든가, 많이 있죠. 그때 본 영화들은 오히려 최근에 본 영화들보다 훨씬 더 기억에 생생해요. 그날의 공기, 극장 분위기, 그런 것들까지 다……."

그런 영화들은 누구하고 보셨어요? "혼자 봤어요. 하하. 제가 약간 왕따였다니까요."

중·고교 시절 심재명은 미성년자 관람불가 영화까지 모두 섭렵했다. 영화를 보고 집에 돌아와 일기장에 감상문을 썼다. 일기 쓰기는 중학교 때부터 직장 초년생 때까지 이어졌다. 10년이 넘는 기간 동안 영화를 보고 만드는 법을 훈련한 셈이다.

1982년 심재명은 동덕여자대학교 국어국문학과에 입학한다. 가정 형편으로 미대는 일찌감치 포기했다. 그렇다고 영화학과에 진학할 용기도 없었다. 그때만 해도 영화는 별난 사

091

람이나 하는 전공이었다. 그는 아르바이트로 학비를 마련했다. 학기 중엔 근로 장학생으로 일했고 방학 때는 백과사전을 팔러 다니거나 은행에서 안내 업무를 했다.

대학 4년 내내 아르바이트를 했으니 청춘의 추억은 별로 없겠습니다. "그렇지도 않아요. 그땐 학점이 바닥을 기어도 취업이 되던 시기였으니까요. 소위 말하는 명문대에 들어간 학생들은 대부분 대기업에 취직했어요. 지금 학생들에 비하면 우린 행운을 누렸던 세대죠. 학점 대충 받으면서 놀러 다니고 아르바이트도 하고 그랬으니까요."

영화를 끔찍이 좋아하셨는데 동아리 활동은 안 하셨어요? "신촌에 '영화마당 우리'라는 동아리가 있었는데 참여할까 말까를 놓고 몇 달을 고민했어요. 용감하게 시도하는 성격은 아니었죠. 대신 대학교 2학년 때부터 프랑스문화원의 '시네클럽'이란 동호회에 가입해서 매주 화요일에 영화를 봤어요. 학교 축제 때는 외국 영화 비디오를 빌려 와서 시청각실에서 틀기도 했고요. 영화 잡지 《스크린》 대학생 기자를 하면서 교내 영화 동아리 소개나 영화 관련 행사, 영화 감상문 같은 걸 짤막하게 써서 학생 기자 코너에 싣기도 했죠."

대학생 기자도 원고료를 받습니까? "아뇨. 대신에 잡지를 공짜로 보고 영화 시사회 공짜 표를 얻을 수 있었어요. 그때 임권택, 이장호, 배창호, 하길종, 이두용, 이런 감독님들의 영화를 처음 접하면서 제가 가지고 있던 한국 영화에 대한 편견이나 왜곡된 시선이 벗겨지는 느낌이었죠. 그 전에는 외국 영화만 봤거든요. 그렇게 한국 영화에 관심을 가지게 되면서 자연스럽게 영화 일을 하고 싶다는 생각을 하게 됐어요."

대학을 졸업하고 출판사에 취직을 하셨다고 들었습니다. "그 전에 마포에 있는 잡지사에 잠깐 다녔어요. 광고를 실으면 기사를 써 주는 열악한 수준의 잡지였죠. 한 달을 일했는데 월급을 못 받아서 입사 동기들하고 노동청에도 가고 그랬던 기억이 나네요. 잡지사를 그만두고 다시 취직하기 전까진 정동에 있는 분식집에서 아르바이트를 했어요. 그러고 나서 출판사에 들어간 거죠."

다른 데는 지원한 적이 없나요? "지원했는데 다 떨어졌죠. 카피라이터가 되고 싶어서 제일기획에 지원했는데 서류에서 떨어졌고요, 연합뉴스에도 떨어졌고, 대학생 기자를 했던 《스크린》은 1차는 붙었는데 2차에서 떨어졌고."

아까는 낭만적인 대학 생활을 해도 취업이 곧잘 되던 시절이라 하셨는데…… "큰 회사에 취직할 만큼은 공부가 안 됐던 것 같아요. 예를 들면 영어 공부라든가 이런 것들을 구체적으로 준비하지 못했어요. 동문들이 들으면 기분 나쁘겠지만 학교 크레디트도 컸을 것 같고요."

출판사는 어쩌다 그만두신 겁니까? "넉 달을 다녔는데 처음 두 달간 매일 야근을 했어요. 코앞에 내야 할 책이 있었거든요. 아침 9시부터 밤 11, 12시까지 일하는 생활이 계속되니까 굉장히 지치더라고요. 책이 출간되고 나서는 한동안 한가하게 지냈는데 그러면서 고민이 시작됐어요. 영화 일을 하고 싶다는 생각도 막연하게나마 계속 있었고요. 그러다가 일간지에서 서울극장 카피라이터 모집 공고를 보고 '영화도 하고 카피도 쓸 수 있는 일이 있네?' 이러면서 용기를 내게 됐죠."

입사 시험은 뭐였습니까? "박중훈, 강수연 주연의 〈미미와 철수의 청춘스케치〉 헤드 카피를 쓰는 거였어요."

그래서 뭐라고 쓰셨습니까? "뭐더라…… '나는 이제 리처드 기어를 버리기로 했다. 철수가 있으니까. 미미 씀' 이런 식으로 쓴 것 같아요. 하하."

필기시험을 통과한 심재명은 면접시험에서 감독과 배우 이름, 영화 제목을 술술 읊었다. 대체 어디서 보고 들었느냐는 면접관의 물음에 그는 영화 잡지 《스크린》에서 배웠다고 답했다. 1987년 8월 21일 심재명은 서울극장 기획실로 첫 출근을 한다. 당시 서울극장은 합동영화사라는 제작·수입사를 겸하고 있었다. 그곳에서 그는 영화 광고와 홍보, 배급을 두루 배웠다.

영화계가 다소 거칠어서 젊은 여성이 일하기엔 쉽지 않았을 텐데요. "여자라서 힘든 건 없었어요. 좋아하는 일이니까 무작정 열심히 했죠. 그땐 충무로에 남자들밖에 없었는데 '미스 심'이라고 들어와서 선배들 쫄래쫄래 따라다니니까 여동생처럼 귀여워해 주셨죠. 물론 지금처럼 이렇게 민주적인 분위기는 아니었어요. 막 소리 지르고 야단치고 그러던 때였죠. 회식 자리에서 성적 농담도 거리낌 없이 나오고. 옛날 영화계 선배들이 입이 좀 걸거든요. 한 달에 서너 번은 이불 뒤집어쓰고 울었어요."

뭐가 그렇게 서럽던가요? "입사하고 수습 과정도 없이 바로 카피를 쓰고 결과를 책임져야 하니까 스트레스를 많이 받았어요. 사수가 있다거나 시스템이 갖춰져 있지 않았거든요. 대부분 나이 드신 분들이라 소통도 어려웠고요. 무엇보다 업무량이 많아서 제 일터엔 휴일이란 게 아예 없는 줄 알았어요. 그래도 덕분에 일을 빠르게 익힐 수 있었죠."

서울극장에서 처음 맡은 영화는 뭐였습니까? "조수처럼 일을 하다가 제가 책임을 지고 맡았던 첫 영화는 존 바담 감독의 〈스테이크 아웃Stakeout〉이었어요. 잠복근무라는 뜻인데 휴먼 코미디였죠. 요즘 사람들은 이해할 수 없겠지만 그때는 코미디로 포지셔닝하면 안 되던 시절이었어요. 코미디라는 장르가 하위 장르이고 주류 흥행 장르가 아니었거든요. 그래서 사장님이 코미디라는 말을 보도자료에서 빼라고 했던 기억이 나요."

코미디를 코미디라 부르지 못하면 뭐라고 부르나요? "그래서 액션오락영화, 뭐 이런 쪽으로 홍보했죠."

〈스테이크 아웃〉의 개봉일은 1988년 1월 1일. 입사 4개월 만에 영화 한 편의 홍보를 책임졌으니 빠르긴 확실히 빨랐다. 영화계에 마케팅 개념이 도입되기 전이었다. 심재명은 마케팅 이론서를 읽고 선배들의 광고물을 보며 하나씩 익혀 나갔다. 1989년 영화 제작을 배우고 싶었던 그는 극동스크린이란 제작사로 이직해 기획실장이 된다.

영화계 입문 2년 만에 기획실장이 되셨습니다. "미스 심에서 실장이 되긴 했는데 실원은 없는 실장이었어요. 하하."

극동스크린에선 무슨 일을 하셨습니까? "극동스크린은 한국 영화를 제작하고 외화를 수입하는 제작·수입사였어요. 김호선 감독님의 〈미친 사랑의 노래〉(1990), 〈사의 찬미〉(1991)를 제작하고 오우삼 감독의 〈첩혈쌍웅〉(1989)을 수입했는데, 이런 영화들의 기획이나 마케팅 업무를 했죠."

여기도 2년 만에 그만두셨는데. "직원이 대여섯 명 되는 작은 회사이긴 했지만 그래도 제대로 품의를 올리고 결제를 득하고 이래야 하는데 제 맘대로 결정하고 실행하고 그랬거든요. 전무님 입장에선 제멋대로 행동하는 걸로 보였을 수 있겠죠. 상사와의 갈등도 있었고, 회사에서 비전을 보여 주지 않으니까 이쯤에서 그만두는 게 좋겠다고 생각했어요. 스스로 동기를 부여하지 못한 건 반성할 부분이죠."

극동스크린을 나온 그는 프리랜서 영화 기획자를 선언하고 〈결혼이야기〉(1992)의 홍보와 마케팅을 맡는다. 국내 최초의 기획 영화로 평가되는 〈결혼이야기〉는 관객을 소비자로 보고 관객의 니즈를 파악해 영화를 만들었다. 이 영화를 기획한 기획사 신씨네는 신세대 부

094

부들을 만나 생활상을 취재하고 시나리오에 반영했다. 기획 단계부터 마케팅 계획도 함께 세웠다. 결과는 대성공이었다. 서울 관객만 52만 명을 동원하며 그해 박스 오피스 1위에 올랐다. 지금으로 치면 '1천만 영화'인 셈이다.

당시에 프리랜서로 영화 한 편을 마케팅하면 보수가 어떻게 됩니까? "신인 감독 연출료가 8백만 원 정도였고, 전 5백만 원 받은 것 같아요."

그 당시 5백만 원이면 지금⋯⋯ "한 3천만 원 정도?"

그때 대표님이 쓰신 카피(잘까, 말까, 끌까, 할까)가 히트를 쳤는데 보너스도 나왔습니까? "그럼요. 그 영화가 워낙 크게 성공해서 모든 스태프들이 보너스를 받았어요."

얼마나 받으셨어요? "5백만 원쯤 받은 것 같아요."

프리랜서로 맡은 첫 영화가 잘 풀려서 그 이후론 순탄했겠습니다. "그런 셈이죠. 그 영화가 잘되면서 홍보를 맡아 달라는 영화가 많았어요. 그러면서 자연스럽게 마케팅 회사를 차리게 됐죠. 〈결혼이야기〉를 제작한 익영영화사 대표님이 영화사 한 귀퉁이에 방을 내주셔서 명기획이란 간판을 달고 익영영화사 일과 명기획 일을 같이 했어요. 〈그 여자 그 남자〉(1993)에서 처음으로 프로듀서라는 크레디트를 달고 프로듀싱과 마케팅을 맡았고, 〈그대 안의 블루〉(1992)를 프로듀스하고, 〈세상 밖으로〉(1994), 〈게임의 법칙〉(1994), 〈닥터 봉〉(1995) 같은 영화들을 홍보했죠."

그 당시에 여동생(보경사 심보경 대표)과 같이 일하셨다고 들었습니다. "동생은 경영학과를 졸업하고 광고 대행사에 다녔어요. 매니지먼트사에도 있다가 결혼하면서 회사를 그만두었죠. 제가 〈그 여자 그 남자〉를 할 때 마케팅 기획서를 동생한테 맡겼어요. 광고 대행사 출신이니까 저보다 훨씬 더 체계적으로 짤 수 있을 것 같았거든요. 그렇게 임신한 상태로 명기획 일을 아르바이트 형식으로 하다가 출산하고 본격적으로 합류하게 됐어요."

1994년 이은 감독과 결혼한 심재명은 이듬해 남편, 여동생과 함께 명필름을 세운다. 영화운동권 출신 이은과 정통 충무로 출신 심재명은 서로의 약점을 메우고 강점을 살렸다. 상업 영화에서 다양성 영화까지 아우르는 폭넓은 스펙트럼은 물론이고, 심재명의 직감에 이은의 비즈니스 감각이 더해져 명필름은 빠르게 성장한다.

그런데 명필름은 왜 설립하신 겁니까? 명기획 일도 계속 들어오고 있었는데요. "궁극적으

로 제작에 대한 꿈이 있었어요. 실제로 몇 작품 기획하다가 엎어지기도 했어요. 이은 대표
는 그때 프로덕션을 운영하고 있었는데 마찬가지로 장편 영화를 기획하고 있었어요. 그러
다가 이은 대표가 그러지 말고 우리 제작사를 차리자고 해서 만들게 됐죠."

그는 남편을 이은 대표라고 불렀다. 집에서는 이은 씨, 재명 씨라고 부른단다.

남편께서 영화 운동권 출신이신데 집에선 어떻습니까? 가사 노동의 민주화가 이루어집니
까? "아뇨, 제가 다 해요. 한국 남성의 가사 노동 시간이 전 세계에서 가장 짧을 걸요? 어디
조사한 걸 보니까 30분인가 그렇던데."

두 분이선 회사고 집이고 영화 얘기만 하신다면서요? "네, 맞아요. 집에서까지 정색하고
회의를 하는 건 아니지만 그 영화를 어떻게 할까요, 누구를 캐스팅하면 좋을까요, 지금 감
독과 이런 곤란한 상황인데 어떻게 해결해야 할까요, 뭐 이런 얘기들을 주로 하죠. 둘 다 수
다가 별로 없어서 필요한 말만 해요."

전부터 궁금하던 게 있습니다. 남편과 같이 설립한 회산데 회사 이름에 왜 '명'만 들어가
있습니까? "명기획의 브랜드를 이어받는 것도 있었고, 명가, 명기획자, 그런 의미의 '명'도
담겨 있어요. 그리고 저희가 함께 일하고 있지만 제가 대중에 많이 알려져 있으니까 저를
전면에 내세우는 게 영화사의 인지도나 이미지 제고에 도움이 되겠다는 생각도 있었고요."

과연 뼛속까지 홍보 마케팅 전문가였다.

명필름 초기엔 서로 일하던 환경이 달라서 애를 좀 먹었겠습니다. "이은 대표가 있던 운동
권 영화 단체의 제작 방식은 충무로와 달랐는데 배울 점이 많았어요. 이은 대표를 통해 들
은 얘기지만 그쪽 진영에선 굉장히 많은 회의와 토론, 시나리오 공동 개발을 통해 영화 제
작이 이루어졌다고 해요. 8, 90년대 한국 영화 제작 방식과는 다른 거죠. 제작 과정의 합리
성이나 효율성, 전문성에 있어서 오히려 충무로보다 정교하고 효율적이었어요. 충무로는
좋게 말하면 유연한 거고 나쁘게 말하면 제작자 중심, 감독 중심이었죠."

90년대 초반까지 영화 제작과 수익 정산은 주먹구구식이었다. 간이 영수증으로 비용을 처
리해 '충무로식 회계 방식'이란 말까지 있었다. 그의 말이 이어진다.

"그런 합리적인 제작 시스템을 이은 대표를 통해 경험할 수 있었죠. 그러면서 명필름 자체
적으로 할리우드 책을 보고 독학하면서 제작이나 마케팅에 대한 체계를 갖추려고 노력했

어요. 예를 들면 할리우드 영화를 분석해서 엔딩 크레디트의 순서와 개념을 정리했어요. 명필름이 처음으로 하지 않았나 싶어요. 그리고 〈접속〉(1997) 때는 처음으로 저작권을 해결하고 음악을 사용했죠. 그 전까진 음악을 무단으로 사용했거든요. 후반 작업도 보다 정교하게 하려고 했어요. 영화진흥공사에서 일괄적으로 하던 사운드 작업도 저희는 의욕적인 민간 업체하고 했죠. 한국 영화가 사운드에 대해서도 신경을 쓰는구나, 하고 느껴진 영화는 아마 〈접속〉이 처음일 거예요."

그때 저작권료는 얼마나 냈습니까? "2천만 원 정도였던 것 같아요."

그런 풍토가 없을 때였는데 왜 총대를 메셨을까요. "제가 주도한 건 아니에요. 프로듀서로 참여한 심보경 대표하고 조영욱 음악 슈퍼바이저가 함께 해결했어요. 그게 맞는 거니까 해야 할 일을 한 거죠."

작년에 〈관능의 법칙〉을 제작하실 때도 국내 최초로 전 제작진이 표준근로계약을 맺었다고 들었습니다. 그것도 해야 할 일이라 하신 건가요? "모범을 보이기 위해서였어요. 표준근로계약을 맺어야 하는데 활성화가 잘 안되고 있었어요. 고양이 목에 방울을 다는 것처럼 누구도 선뜻 나서지 않아서 모범을 보여야겠다는 생각을 했어요. 그리고 표준근로계약을 적용하면서 상승되는 제작비에 대해 투자사인 롯데엔터테인먼트가 인정을 해 줬고요. 그래서 가능했죠."

표준근로계약을 해 보니 뭐가 다릅니까? "제작비가 상승하다 보니까 제작 현장이나 프로듀싱 계획을 더 정교하게 세우고 효율적으로 운영해야 돼요. 계산도 정확해야 하죠."

제작비가 많이 오르던가요? "영화 규모마다 다르겠지만 〈관능의 법칙〉은 28억 원 규모의 영화였는데 1억 4천만 원이 더 들었어요."

한 편의 영화를 제작할 때마다 그는 새로운 것들을 시도했다. 인터넷 마케팅도, 인터넷 펀드도, VIP 시사회도, 온·오프라인 동시 개봉도 명필름이 처음 실시했다. 심지어 우리가 보는 극장 화면 종횡비까지.

"70년대까지 2.35 대 1의 화면 비율(시네마스코프 사이즈)이 쓰이다가 80년대 초반부터 티브이 화면하고 비슷한 1.85 대 1 비율이 쓰였어요. 그런데 저희는 2.35 대 1 비율이 훨씬 더 영화적인 화면 비율이라고 생각했어요. 스펙터클한 면을 보여 줄 수 있거든요. 가로가 길어지다 보니까 그만큼 조명도 더 쳐야 하고 공도 더 들이고 비용도 더 써야 했는데 〈공동경비구역 JSA〉(2000)는 그런 시도가 영화의 완성도에 필요하다고 생각했어요. 그 영화 이후에 2.35 대 1 비율이 보편화됐죠."

박찬욱 감독은 말한다. "시네마스코프는 시원한 야외 롱 숏에 적합하다. 게다가 〈공동경비구역 JSA〉에선 네 병사들이 어울리는 장면이 많았는데 그룹 숏을 찍기에 적당했다. 역설적으로 시네마스코프는 과감한 클로즈업을 요구한다. 좌우가 넓은 관계로 다른 사람이 안 걸리는 단독 숏을 잡으려면 팍팍 들어가야 한다. 클로즈업으로 밀고 들어가서 두 눈만 딱 잡을 때 이 종횡비는 빛을 발한다. 더구나 그런 용감한 클로즈업과 대담한 롱 숏이 맞부딪치는 순간은 어떤가. 레오네적인 편집의 쾌감이 살아난다."

그런데 수십 억 원이 들어간 큰 영화를 당시 무명이던 박찬욱 감독에게 맡겼습니다. "개인적으로 친하게 지내던 분은 아니었어요. 그즈음 박 감독님은 시나리오 대여섯 편을 서류 가방에 넣고 다니면서 '이 시나리오 어때요? 한번 읽어 보세요.' 이런 시절이었어요. 그때 아마 〈박쥐〉(2009) 시나리오도 있었을 거예요. 그런 것들을 읽어 보고는 시나리오는 빼어난데 영화적으론 자신이 없다는 생각을 하던 차였죠. 감독님의 두 번째 작품인 〈3인조〉(1997)를 저는 굉장히 좋게 봤어요. 유명 감독을 찾는 건 별로 생각하지 않았고, 이 이야기를 박찬욱 감독님이 잘할 수 있을 거란 생각이 들어서 제안을 했는데, 본인도 남북문제에 관심이 많다면서 하고 싶다고 해서 의기투합이 됐어요. 감독의 유명세보다는 감독의 능력, 개성, 가능성에 훨씬 주안점을 두고 판단한 거죠."

박찬욱 감독 특유의 B급 정서는 그때도 여전했을 텐데요. "그럼에도 불구하고 영화적 재능이 출중한 사람이란 생각이 들었어요. 박찬욱 감독님 특유의 유머 코드나 상황 묘사에 대해서는 시나리오 작업을 하면서 가급적 배제하자고 감독님과 얘기를 했었어요. 감독님도 이번엔 제대로 된 상업 영화를 해야겠다고 단단히 마음을 먹었던 것 같아요. 그런 것들을 실험하기엔 예산이 굉장히 큰 영화였거든요. 20억 원 넘는 영화가 별로 없던 시절이었는데, 그 영화가 최종적으로 27억 원을 썼거든요. 감독님도 그런 부분을 많이 생각하셨죠."

정리하자면 감독의 재능에는 동의하지만 B급 정서는 제작자로서 충분히 바꿔 줄 수 있다고 판단한 건가요? "바꿔 줄 수 있다기보다 바꿔 가야 한다고 생각했죠."

대표적으로 어떤 것들입니까? "주로 유머 코드였어요. 구체적인 에피소드는 생각이 잘 안 나는데…… 예를 들면 소피 사령관 역을 맡았던 이영애 씨가 조깅하는 장면에서 미군들과 대화하며 썰렁한 개그를 한다던가, 뭐 그런 것들이 있었죠."

감독뿐만 아니라 좋은 배우도 많이 발굴하셨는데 그런 분들은 딱 보면 느낌이 다릅니까? "배우로서의 외형적 매력이나 감수성이 남다른 분들이 있어요. 저 사람은 지금 신인이지만 대성하겠다는 감이 오는 배우들이 있죠. 어떤 제작자든 그런 게 있을 거예요."

대표적으로 어떤 분들이죠? "많죠. 〈접속〉 때 전도연 씨도 그랬고, 〈조용한 가족〉 때 송강 호 씨도 있었고……"

정말로 많았다. 정리하자면 〈공동경비구역 JSA〉의 신하균, 〈와이키키 브라더스〉의 박해 일, 〈후아유〉의 조승우, 〈구미호 가족〉의 하정우, 〈건축학개론〉의 조정석. 그들은 떡잎부터 달랐다고 한다.

〈조용한 가족〉은 1998년도 영화인데, 그땐 주연급 배우의 외모를 따지지 않았나요? 그런 데 어떻게 송강호 씨가 주연급으로 대성할 거라고 생각하셨네요. "워낙 연기가 탁월했거든 요. 연기 천재라고 할 수 있을 정도로. 물론 시대적인 운도 좋았다는 생각이 들어요. 송강호 씨가 연기를 시작했던 90년대 중후반부터 한국 영화가 르네상스 시대를 맞이하면서 새로 운 영화들이 많이 나왔어요. 김지운, 봉준호, 박찬욱 감독처럼 혜성처럼 등장한 재능 있는 감독들이 있었기 때문에 송강호라는 배우가 우리 시대를 대표하는 배우가 될 수 있었던 것 같아요. 서로의 재능과 가능성을 알아본 거죠."

명필름은 올해 창립 20주년을 맞는다. 성공한 모든 기업이 그러하듯 힘든 시절도 있었다. 기업의 외형이 가장 컸던 2004년부터 2007년까지다. 〈공동경비구역 JSA〉의 명필름과 〈태극기 휘날리며〉의 강제규필름은 2004년 합병해 MK픽처스를 설립한다.

기업 결합은 왜 하신 겁니까? "사실 전 그쪽으론 지식이 없었고 이은 대표가 주도해서 했 어요. 단순히 영화 한두 편을 제작하는 제작사에서 운신의 폭을 넓혀 공적 자금을 모으고 좀 더 공격적으로 한국 영화 산업 안에서 제작자 이상의 비즈니스를 펼쳐 보자는 야심찬 생각에서 출발했던 것 같아요."

그게 잘 안됐죠? 3년 만에 다시 명필름으로 돌아오시는데. "제 영화 인생에서 가장 힘들었던 3년인 것 같아요. 회사 규모가 굉장히 커지니까 많은 일들을 해야 했어요. 제작 외에도 투자, 배급, 극장 비즈니스를 했는데 어느 것 하나 제대로 해낸 게 없었던 것 같아요. 그리고 그때 어머니가 많이 아프셨어요. 육체적으로나 정신적으로나 제일 많이 힘들었던 시기가 아니었나 싶어요."

명필름 때는 연간 두 편 정도 제작하셨는데 2005년과 2006년엔 한 해에 네 편이나 제작하셨습니다. 어마어마하게 바쁘셨죠? "일주일 내내 일하고 주말엔 엄마를 간병했어요. 심신을 쉬어야 하는데 쉴 수 있는 상황이 아니었죠. 그러다 보니까 스트레스를 많이 받아서 우울했고."

엄마가 너무 바빠서 따님이 서운해 하진 않던가요? "이번에 대학에 입학하면서 영화과 시험을 봤는데 2차 시험이 작문인가 그랬어요. 시놉시스 같은 걸 작성하는 거였는데 그때 나온 문제가 자신의 12년간의 이야기를 영화적으로 풀어내는 거였대요. 어렸을 때 엄마랑 처음 애니메이션 영화를 보러 간 것부터 그 사이에 영화를 하는 엄마와 아빠 때문에 외로웠던 자기, 그럼에도 그런 부모를 이해하게 되고 자기도 역시 영화를 하게 되는, 이런 글을 썼는데 그걸 보면서 아, 나름대론 최선을 다하려고 했지만 역시 외로웠구나, 이런 생각을 했죠."

그 시기가 혹시 후회되십니까? "그렇진 않아요. 다만 힘들고 부끄러웠어요. 성적이 좋지 못하니까 자책이 되기도 하고. 연간 네다섯 편 이상 해내는 분들도 계시지만 전 역할을 나누고 효율성을 높이는 조정 능력이나 리더십이 많이 부족했다는 생각이 들어요. 작품 수가 많다 보니까 누수가 생기기도 했고요."

가장 크게 손해를 본 작품은 뭔가요? "〈구미호 가족〉(2006)이에요. 그게 수익률이 -90%까지 갔죠."

그게 돈으로 얼맙니까? "제작비가 35억 원이었고 P&A비용(광고·홍보비)까지 합하면 50억 원 정도였는데 관객이 30만 명도 채 안 됐어요. 그러니까 거의 40억 원 정도를 손해 봤어요."

〈구미호 가족〉이 엄청난 손실을 기록하며 심재명은 영화계를 떠날 생각까지 했단다. 영화진흥위원회의 통계 자료를 살펴보았다. 지금까지 명필름이 제작한 영화 34편(4월 개봉 예정인 〈화장〉, 마케팅을 맡은 〈부러진 화살〉 제외) 중 손익 분기점을 넘긴 작품은 14편이다. 흥행 타율은 4할1푼2리. 2014년에 제작된 한국 영화의 평균 흥행 타율은 2할6푼9리다. 분위기가 약간 가라앉아서 나는 좀 가벼운 질문을 던지기로 했다.

명필름에 '명'만 들어간 이유는 이제 알았는데, MK픽처스에 M이 앞에 있는 이유는 뭡니까? "그냥 알파벳 순서예요. 하하."

우리는 손가락으로 알파벳을 셌다. K가 앞이었다.

"아, 그래요? 아마 그때 KM컬쳐라는 회사가 있었을 거예요. 그래서 그렇게……."

이제껏 쉴 새 없이 달려오셨는데 스스로를 채찍질한 원동력이 뭐였습니까? "결핍의 감정이란 생각이 들어요. 어렸을 때부터 전 가난이 주는 결핍의 정서, 빼어난 학생이 아니어서오는 결핍의 정서, 뭐 이런 삶을 힘들게 하고 감당하기 어렵게 하는 결핍감이 계속 있었기때문에 무언가를 성취하려고 하고 꿈을 가지려고 했던 것 같아요. 삶에 있어서 부족함이없는 사람들은 예술 활동을 하는 데에 오히려 장애가 되는 것 같아요. 그것이 현실적 결핍이든 정서적 결핍이든 그런 결핍이 있던 사람들이 뭔가를 창조해 내고 만들어 내는 것 같아요. 제가 창작자나 예술가는 아니지만 굳이 물어보신다면 그런 얘기를 하고 싶어요."

그래서 이젠 결핍을 다 채우셨나요? "그렇진 않아요. 지금은 감사할 일이 많아서 예전보다덜하다고는 할 수 있겠죠. 하지만 세월호 참사 같은 충격적인 사건을 접하면서 시대적 상황에 결핍을 느끼죠. 개인적으론 어머니의 부재로 인한 결핍의 감정도 있는 것 같아요."

대표님은 젊은 여성들의 롤 모델이신데 그런 역할이 부담스럽진 않습니까? "부담을 가지진 않아요. 다만 영화인이기 때문에 쓸데없는 환상을 가지진 않을까라는 생각을 해요. 나를 역할 모델로 생각한다면 거기에 걸맞은 행동과 일을 해야겠다는 책임감을 느끼죠."

영화계의 남녀 차별은 어떻습니까? 여성 제작자라 힘드신 점은 없습니까? "아무래도 저는남편이 공동 대표로 있기 때문에 혼자 영화사를 이끌어 가는 여성 제작자들보다 절반은 힘이 덜 들겠죠. 그런데 사실 영화계가 다른 분야에 비해 성별이나 혈연, 학연, 지연에 따른차별이 덜하다는 생각이 들어요. 개인의 노력과 재능이 굉장히 중요하죠. 그럼에도 한국사회에서 여성은 소수자고 약자고 마이너리티죠. 그런 면에서 여성이라는 정체성으로 무엇을 지켜야 하고 후배들을 위해 무엇을 해야 할까, 이런 고민을 많이 하게 되죠."

영화계는 개인의 재능이 가장 중요하다지만 감독으로 국한하자면 여성 감독의 수가 절

대적으로 적습니다. 그런 어떻게 설명할 수 있을까요? "할리우드도 여성 감독의 비율이 15%가 안 된다고 해요. 최근엔 점점 줄어들고 있다고 하고요. 영화 속 여성 캐릭터들은 점점 나아지는데 영화를 만드는 여성 감독은 적어지는 거죠. 여성적 특징과 남성적 특징이 있는 것 같아요. 제가 영화를 하면서 느꼈건 건 남성 감독들은 상업 영화를 만들려는 의지가 굉장히 강해요. 기회를 놓치지 않고 지속적으로 영화를 하는 것에 열망을 가지고 있고요. 그런데 여성 감독들은 주제 의식에 더 천착하는 것 같아요. 상업 영화에서 성공하겠다는 욕심보다는 내가 어떤 영화를 통해서 어떤 주제를 반추할 것이냐, 이런 의지가 더 큰 것 같아요.

쉽게 말하면 상업 영화를 만드는 데 있어서 남성 감독들이 더 경쟁력이 있다고 볼 수 있죠. 그러다 보니까 투자자들은 여성 감독보다 남성 감독을 선호하고, 여성 감독은 상업 영화계에서 데뷔하기가 점점 더 어려워지고. 한국 영화 역사상 여성 감독들 중에 임순례 감독님이 영화를 제일 많이 만드셨는데 그게 8편이에요. 저희가 다른 제작사보다는 여성 감독들과 영화를 많이 했는데(박찬옥, 부지영, 이미연, 임순례 감독), 그분들 영화를 보면 상업성보다는 주제 의식을 더 크게 찾아볼 수 있지 않아요? 여성 감독들의 개성과 재능을 과감하게 발굴하고 밀어줄 수 있는 제작자가 필요한 거죠."

〈와이키키 브라더스〉에 그런 대사가 나오죠. 하고 싶은 일 하고 사니까 행복하냐고. 대표님은 어떠십니까? "그럼요. 이 세상에 자기가 좋아하는 일을 하면서 먹고사는 사람이 어디 흔한가요?"

좋아하는 일을 해도 힘든 점은 있겠죠? "그럼요. 영화 일은 어떤 매뉴얼이 있어서 과거 경험을 다음 영화에 그대로 적용할 수 없거든요. 작품마다 만나는 사람이 다르고 다루는 이야기가 다르고 스태프도 다르다 보니까 돌발 상황이 늘 생겨요. 이제까지 36편의 영화를 만들면서 36번의 새로운 경험을 하고 새로운 상황을 만난 것 같아요. 그런 과정이 지치진 않지만 굉장히 힘들죠."

하고 싶은 일은 취미로 하고 직업은 다른 걸 택하라는 말도 있는데요. "하고 싶은 일을 할 수 없는 상황이라면 어쩔 수 없겠죠. 24시간 중에 짧게는 8시간, 길게는 10시간 이상 일을 해야 하니까 지치지 않고 잘할 수 있고 좋아하는 일을 한다면 더할 나위 없이 좋겠죠."

요샌 좋아하는 일이나 꿈이 없는 젊은이들도 많습니다. "저희 세대는 요즘 젊은 세대보다 훨씬 더 많은 것들을 누렸다고 생각해요. 요즘은 대학을 졸업하는 나이도 늦잖아요. 어학 연수 때문에 휴학을 하거나 학비 마련을 위해 아르바이트를 하거나 그러면서요. 전 서른이 란 나이를 굉장히 의식했어요. 그 나이 전엔 경제적, 신체적 독립을 해야 한다고 생각했었 는데 요즘은 그렇지 않은 것 같아요. 제가 〈접속〉을 만들었을 때 30대 중반에 불과했어요. 이른 나이에 제작자가 됐고 많은 작품들을 만들 수 있었는데 그런 시대 운이 좋았다고 생 각해요. 또 한편으론 막연하게 꿈꾸기보다 현실적으로 접근한 것 같아요. 대학 시절에 공 짜로 월간 《스크린》을 받아 보면서 영화계가 어떻게 돌아가는지를 배웠다거나…… 몸으 로 부딪치고 현실적으로 접근해서 자기 꿈을 향해 구체적으로 움직이는 게 필요한 것 같 아요. 꿈만 꾸다가는 어려움이 있겠죠. 근데 요즘은 꿈꾸는 것조차 허락하지 않는 시대니 까……."

대표님의 삶이 영화라면 클라이맥스는 어디일까요? "클라이맥스라면 위기와 갈등이 있고 드라마가 폭발하는 지점이라고 생각되는데 그렇다면 올해 이후부터가 아닐까요. 영화 시 장 환경도 많이 바뀌었고, 90년대 중후반에 프로듀서들이 주도하던 시대와도 다르고, 저 는 점점 나이를 먹고…… 영화를 만드는 것이 경험이 쌓이면 더 쉬워야 하는데 더 어려워 지는 것 같아요. 그런 상황에서 저희는 파주 출판단지로 이전을 하고, 안 해 본 교육 사업을 하고, 안 해 본 극장을 운영해야 하니까 여태까지 겪은 일들보다 훨씬 힘든 일들, 드라마틱 한 일들이 일어나지 않을까 싶어요."

몇 해 전 직장을 다닐 때의 일이다. 남들보다 조금 이른 승진에 나는 적이 우쭐했다. 아직도 나는 술에 취하면 그 얘기를 꺼낸다. 그 짧은 몇 달이 내 인생의 클라이맥스였다고 생각하 는지도 모른다. 심재명의 클라이맥스는 도래하지 않았다. 클라이맥스를 지나지 않았으니 영화가 끝나려면 아직 멀었다.

심재명 대표를 만나기 전 나는 그를 성공한 '여성' 영화 제작자로 규정했다. 구매력이 높은 3, 40대 여성 독자를 겨냥해 여성의 사회 참여와 성취, 리더십을 논할 작정이었다. 하지만 그의 삶에 천착할수록 그를 규범화된 젠더Gender 체계로 설명할 수 없음을 깨달았다. 그 는 뛰어난 '여성' 영화 제작자가 아니라 충무로 최고의 영화 제작자였다. **b**

PARTNER

정통 충무로와 영화 운동권이 만났다
명필름의 성공은 심재명의 직감과 이은의 비즈니스 감각의 산물이다.

이은 대표에게 인터뷰를 청하자 "얼굴이 알려지면 공적으로 살아야 하는데"라고 반응했다. 그래서 꽤나 분방한 삶을 사는구나 싶었는데 알고 보니 그는 철저히 공적인 삶을 살고 있었다. 맡은 중책만도 네 개(명필름 대표, 명필름영화학교 교장, 파주출판단지협동조합 이사장, 한국영화제작가협회 회장). 지난 2월 개교한 영화학교 얘기부터 꺼냈다.

명필름영화학교에서 교장을 맡으셨는데 직접 강의도 하십니까? "그럼요. 제작은 저와 심 대표가 맡고 다른 쪽은 저희와 주로 일하는 분들이 가르칩니다."

들어 보니 강사진이 화려했다. 〈왕의 남자〉의 이준익, 〈건축학개론〉의 이용주, 〈부러진 화살〉의 정지영 감독, 배우 문소리, 권해효 등 현역 영화인들이 객원 교수로 강단에 선다.

1기생 열 명 중에 알던 분은 없습니까? "어유, 전혀 없어요. 다 초면이에요. 살아온 과정이나 영화적 경력을 보고 뽑았어요. 자기 분야에서 어느 정도 준비가 되어서 데뷔할 수준에 가까운 분들로 선발했죠."

졸업 작품을 극장에서 상영할 예정이라던데 그럼 상업 영화처럼 투자도 받는 겁니까? "아직 결정되진 않았지만 1억이든 2억이든 편당 제작비가 책정되면 예산 내에서 만드는 게 원칙이에요. 그런데 규모가 커지거나 학생들이 원한다면 명필름에서 투자할 수도 있겠죠. 예산을 넘길 만한 가치가 있다면 넘기는 겁니다."

졸업 작품이 대박이 나면 수익 배분은 어떻게 합니까? "투입된 비용을 제외하고 이익에 대해선 학생들과 학교가 반씩 나눌 겁니다."

노동 영화로 30만 관객 동원

이은은 1961년 서울에서 태어났다. 청운중학교, 충암고등학교를 거쳐 중앙대학교 연극영화과를 졸업했다. 애초 영화를 전공할 마음은 없었다. 학력고사 점수가 좋지 않아서 서울시내에 갈 수 있는 대학이 없었다. 고민하던 차에 친구가 말했다. "넌 유머 감각이 있으니까 연극영화과 어떠냐?" 마침 형과 누나도 대학에서 연극반 활동을 하던 터라 거부감은 없었다. '인 서울'을 위해 연극영화과에 지원했고 운 좋게 합격했다.

영화에 관심을 가진 건 언제였나요? "저희 전공은 크게 연극과 영화로 나뉘어요. 입대 전에 연극 작품을 한두 편 했는데 연극이 끝나고 나서 객관적 기준이 없다는 걸 알고는 굉장히 허무했죠."

객관적 기준이 없다고요? "연극은 공연을 마치고 나면 연출이나 연기를 잘했다거나 작품의 완성도가 높았다는 기록이 남지 않잖아요. 사람들의 주관적 평가가 잠깐 있다 사라지니까 허무하죠. 반면 영화는 투입된 것이 그대로 나오니까 예술 활동에 대한 결과가 좀 더 정직하지 않을까 싶었어요. 그러다 제대하고 복학해서는 영화를 하게 됐죠."

우연히 택한 전공인데 그래도 전공을 살리셨습니다. "전공 쪽 일을 찾은 것도 우연이에요. 졸업하고 방송 PD를 해야 하나 싶었는데, 학창 시절에 만든 단편 영화가 일종의 독립 영화가 되어 버렸어요. 제 작품의 사회적 성격 때문에 독립 영화를 하던 선배들이 비슷한 성향의 작품들을 모아서 공동 시사회를 열었어요. 그 바람에 분위기에 휩쓸려서 독립 영화 단체의 일원이 되었죠."

단편 영화 한 편이 인생을 바꾸었군요. 어떤 작품이었습니까? "〈공장의 불빛〉(1987)이라고 노동 현실을 비판한 16분짜리 영화였어요. 다른 학교에서 만든 사회성 있는 영화들과 함께 묶어서 베를린 영화제 영 포럼 부문에 초청되었죠. 1, 20분짜리 영화 네다섯 편을 모아서 두 시간짜리 프로그램으로 구성한 거죠."

'장산곶매'라는 독립 영화 단체 활동도 하셨다던데. "그때 베를린 영화제에 초청된 단편 영화를 만들었던 친구들이 그 이후 모여서 만든 집단이 장산곶매예요. 각자 만든 1, 20분짜리 영화들을 모으면 우리도 90분짜리 영화를 만들 수 있지 않겠냐고 해서 광주 항쟁을 다룬 〈오! 꿈의 나라〉(1989)를 공동 작업했죠."

군사 정권 시절인데 상영이 가능했습니까? "사전 심의를 받지 않았다는 이유로 상영이 금지되었어요. 상업 영화도 아닌데 심의를 받아야 하느냐, 대부분의 독립 영화는 자유롭게 틀어지고 있다, 이게 당시 저희 주장이었고, 정부에선 모든 영화는 심의를 받아야 한다는 입장이었죠. 그래서 당시 모임의 대표들이 대부분 영화법 위반, 공연법 위반으로 기소되고 그랬어요."

그 다음 영화인 〈파업전야〉(1990)는 저도 알고 있습니다. 국내 최초의 노동 영화로 당시 인기가 대단했다던데. "정확히 추산하기는 어렵지만 적게는 20만 명, 많게는 40만 명이 보지 않았을까 싶어요."

노동 영화를 시내 극장에서 순순히 틀어 주던가요? "그래서 대학이나 소극장, 노동 현장의 광장 같은 곳에서 틀었어요."

입장료는요? "관람료는 따로 없었지만 팸플릿을 천 원에 팔았어요. 그리고 노동 현장에서 영화를 틀어 달라고 하면 봉고차에 영사기를 싣고 가서 틀어 주고 약간의 출장비를 받기도 했죠."

약 30만 명이 봤다면 수익이 상당했겠는데요. "팸플릿 팔고 출장 영상으로 모든 돈이 1억 원은 넘었어요. 다음 작품 만들고 활동하는 비용으로 썼죠."

돈이 금방 바닥이 났겠죠? "그래서 그 모임이 오래가지 못했어요. 88년에 모여서 공동 작업을 시작하면서 89년 초에 〈오! 꿈의 나라〉, 90년 초에 〈파업전야〉를 했고, 91년엔 전교조 선생님들고 〈닫힌 교문을 열며〉라는 교육 영화를 만들었어요. 92년까지 열심히 활동하다가 동력이 떨어졌죠. 처음에야 다들 학생 신분이었지만 졸업하고 나니까 생활비도 필요했고 차츰 결혼해서 가정을 꾸린 동료들도 생겨났으니까요."

작년에 제작하신 〈카트〉나 영화계 최초로 표준근로계약서를 도입한 것도 당시 가졌던 문제의식의 연장선상인가요? "글쎄요. 그건 제가 얘기하기보단 다른 사람들이 평가할 문제 겠죠. 다만 일하며 사는 사람들의 기본권 문제는 여전히 중요합니다. 〈파업전야〉를 만들 당시에 저희가 하고 싶었던 얘기는 일하는 사람들이 자기 권리를 못 찾고 있다는 것이었어요. 쌍용자동차나 기륭전자를 봐도 아직까지 근본적인 변화는 없다고 생각해요. 영화하는 사람이기 이전에 같은 사람으로서 그런 문제를 안타깝게 보고 있죠."

영 화 운 동 권 과 정 통 충 무 로 가 만 나 명 필 름 이 되 다

1990년 이은과 심재명은 처음 만났다. 홍기선 감독의 영화 〈가슴에 돋는 칼도 슬픔을 자르고〉가 문화부 우수 시나리오에 선정되었지만 장산곶매 시절 영화법을 위반한 전력으로 선정이 취소되자 이은은 영화사 기획실 직원들의 모임에 찾아가 항의 서명을 받았다. 그 모임에 심재명이 있었다.

심 대표 첫인상이 어땠던가요? "귀엽고 다부진 느낌이었어요. 기획을 잘한다는 얘기도 사람들한테 들었고요."

교제는 어떻게 시작된 겁니까? "영화계 선배한테 괜찮은 사람을 물어보니까 두 명을 얘기했는데 그중 한 명이 심재명 씨였어요. 당시 장산곶매 모임을 함께하던 음악 평론가 강헌 씨에게 부탁해서 셋이 같이 만났어요. 동그랑땡 집에서 밥도 먹고 소주도 마신 다음에 강헌 씨한테 물어봤죠. 저 여자 어떠냐고. 그랬더니 98점을 주더라고요. 그분이 점수에 꽤 인색한 평론가인데 높은 점수를 받는 걸 보고 역시 내 눈이 틀리지 않았구나 싶었죠. 그러면서 정식으로 만나야겠다고 생각했어요."

결혼 결심은 언제 하셨어요? "저는 처음부터 진지하게 만나고 있었는데 심재명 씨가 결혼 생각이 별로 없었어요. 결혼하자고 하니까 잘 모르겠다고 하면서 시간이 좀 흘렀어요. 그러다 심재명 씨가 혼자 살 때 보일러가 고장 나면 가서 도와주고 그러다 보니까 같이 사는 것에 대한 생각이 좀 바뀌지 않았나 싶어요."

1994년에 결혼하셨는데 그땐 어떤 일을 하고 계셨습니까? "장산곶매 출신인 장윤현, 이은, 오창환, 이렇게 셋이서 장이오 프로덕션을 만들었어요. 당시 유홍준 선생님의 《나의 문화유산 답사기》가 인기라서 다큐멘터리를 만들기로 했었죠. 약속만 되어 있지 투자가 되거나 방송 편성이 된 것도 아니었는데 제작에 들어갔어요. 신혼 초에 심재명 씨가 명기획이란 회사를 하면서 돈 벌면 저는 돈 쓰고 그랬죠. 그때 너무 괴로워서 이건 아닌 것 같다, 프로덕션을 계속하기보단 비록 독립 영화였지만 장편 영화를 많이 만들어 봤고, 심재명 씨는 상업 영화 마케터로서 재능도 있고 시장에서 신뢰도 있으니까 같이 영화 제작사를 하자고 제가 제안해서 명필름을 하게 됐어요."

명필름에서 역할 분담은 어떻게 됩니까? "크리에이티브하고 직관으로 판단하는 일은 심재명 씨가 하고, 이성적이고 논리적인 일은 제가 했죠. 그러니까 영화에서 마케팅이나 캐스팅, 시나리오 운영은 심재명 씨가 하고, 파이낸싱이나 제작 현장 운영은 제가 했어요. 초기엔 거의 한 몸처럼 일하다가 저는 점점 경영 쪽을 맡고, 심재명 씨가 영화 제작에 속하는 일들을 맡았죠. 동업으로 회사를 운영하는 게 쉽지 않은데 저희는 부부니까 무한 신뢰가 가능하죠."

〈해가 서쪽에서 뜬다면〉(1998) 이후엔 연출은 하지 않고 계신데 아예 손을 떼신 겁니까? "그땐 로맨틱 코미디에 대한 한국 감독들의 인식이 좋지 않았어요. 좀 더 진지하고 주제의식이 있는 영화를 하고 싶어 했죠. 〈닥터 봉〉을 연출한 이광훈 감독, 〈8월의 크리스마스〉를 연출한 허진호 감독 모두 못하겠다고 해서 어쩔 수 없이 제가 한 거예요. 오랫동안 제작자로 굳어 있다가 연출을 하려니까 준비도 안 된 상태여서 아쉬움이 많았죠. 지금도 그 작품을 얘기하면 좀 쑥스러워요."

제작자로서 심 대표의 장단점은 뭡니까? "심 대표는 타고난 에너지가 있어요. 자기 주관이 뚜렷하고 옳다고 믿는 것에 대해선 타협을 안 해요. 직관력도 뛰어나고 체력도 좋죠. 영화 한 편을 개봉하면 한 달은 잠도 못자고 일해야 하는데 체력적으로 잘 소화해요. 본인은 그걸 밥심이라고 하던데, 단점은 별로 없는 것 같아요. 자신의 강점과 약점을 잘 보완하며 성장해 온 것으로 보입니다."

20년간 명필름을 함께 꾸려 오셨는데 대중은 심 대표만 기억합니다. 서운하진 않으세요? "오히려 그 반대예요. 심재명 씨가 알려지는 만큼 저는 제 사생활을 보호받을 수 있죠. 안 그러면 제가 인터뷰도 해야 하고 기자들도 만나야 하잖아요. 그런 편안함이 있죠. 더구나 우리 사회는 여성이 잘하면 점수도 더 잘 주잖아요. 심재명이란 제작자를 보고 사람들이 우리 회사에 대해 더 강렬한 인상을 가질 수 있겠죠."

그래도 처음엔 좀 서운하셨을 것 같은데요. "결혼 초기엔 그래도 제가 남자고 남편이니까 근본적인 능력은 더 낫지 않을까 하는 생각을 했어요. 마케팅 일엔 여성 직원이 많으니까 남자가 낫다고 생각하면서도 맞춰 주는 게 좋겠다는 입장이었죠. 그런데 살다 보니까 대체로 여성들이 좀 더 성실해요. 하하. 남자들은 약간의 허영심도 있는 것 같고. 성과에 있어서 자기가 인정을 좀 더 받아야 한다거나."

한국 영화의 미래는 중국에 있다

올해로 명필름은 설립 20주년을 맞는다. 문화재단, 영화학교 등 남다른 일을 계속해서 벌이는 명필름의 향후 행보가 궁금했다. 명필름의 30주년은 어떤 모습일까. 이은이 말한다. "명필름 20주년의 모습은 15주년 때부터 고민한 결과예요. 이게 연착륙되려면 5년은 걸릴 것 같아요. 5년 내에 영화학교에서 좋은 학생들을 배출하고, 파주가 모범적인 형태의 스튜디오로 정착해야하고 좋은 영화가 많이 만들어지도록 해야죠. 그리고 그 사이에 저희들이 만들어야 할 작품들이 있어요. 예를 들면 세종대왕과 한글에 관한 영화, 일제 강점기를 다룬 영화들 등이죠. 그게 상업적으로 성공할진 모르지만 5년 후, 10년 후에도 명필름이 추구하는 가치는 한국 사회에 남아 있게 하고 싶어요."

명필름이 추구하는 가치는 어떤 겁니까? "여러 가지가 있겠지만 굳이 꼽자면 우리의 핵심 가치는 '사람'이라고 믿습니다. 지금 세상은 돈과 사람의 가치가 전도되어 있죠. 보다 구체적인 지침을 조만간 만들어서 직원들끼리 공유하려고 합니다."

새로운 애니메이션도 준비하고 계시다고 들었습니다. "심 대표와 와인 한잔하면서 대화하다가 우리나라에 아이들을 위한 영화가 너무 없다는 생각이 들었어요. 저희도 애 키우는 사람인데 아무도 안 하니까 자연스럽게 우리가 하게 됐죠. 저희가 애니메이션을 많이는 안 해 봤지만 그래도 〈마당을 나온 암탉〉으로 최고 흥행 기록을 가지고 있으니까 그 자체가 하나의 노하우죠. 그래서 전태일 열사의 이야기, 서울대공원을 탈출한 곰 이야기 등을 애니메이션으로 개발하고 있어요."

영화계의 수직 계열화 문제는 어떻게 생각하십니까? "1948년 미국 대법원의 파라마운트 판결(영화사의 극장 소유를 독점 금지법 위반으로 판결)처럼 영화 제작과 배급, 상영을 분리하지 않는 한 독과점에 따른 폐해가 극복되기는 쉽지 않을 것 같아요. 예를 들자면 교보문고에 책을 사러 갔는데 절반 이상이 교보문고 출판사에서 펴낸 책이면 어떻게 될까요? 자기 책을 놓느라 다른 책은 놓을 수 없겠죠. 그래서 영화의 상영과 배급이 분리되어야하고 또 특정 서적이 아무리 인기 있다 하여도 한 종류의 책을 50% 이상 진열하는 것은 막아야 한다는 거죠. 스크린 독과점 규제가 필요한 이유입니다."

한국 영화의 미래를 어떻게 보십니까? "한국 영화는 에너지가 있고 저력이 있어요. 어떤 사람은 대기업 자본이 들어와서 그렇다는 사람도 있지만 저는 스크린 쿼터 운동이 한국 영화인들을 각성시켰다고 생각해요. 스크린 쿼터 운동이란 미국 영화의 독과점으로부터 한국 영화 산업이 자생력을 갖추어 나간 운동이었는데 지금은 국내 대기업 극장 자본을 중심으로 하는 독과점 문제로 한국 영화 산업이 또 다시 위기에 직면해 있습니다. 다양성 구조가 깨지고 독과점 현상이 심화되면 결국 더욱 큰 자본력을 바탕으로 하는 중국 영화에 먹힐 수도 있습니다."

미국이 아니라 중국이요? "5년 뒤엔 중국 영화 시장이 할리우드보다 커집니다. 지금 우리가 할리우드에 진출하는 이유도 세계인을 상대로 뭐 좀 해보려는 건데 그게 이제 중국에서 이뤄진다는 거죠. 저희도 〈시라노; 연애조작단〉이나 〈건축학개론〉을 중국 영화사하고 리메이크해서 중국 시장에 연착륙하려는 시도를 하고 있습니다. 5년 내에 중국의 좋은 파트너와 함께 중국 인민들이 좋아할 만한 영화를 만들어야 해요."

할리우드만 바라보다가 미처 생각하지 못했던 부분이네요. "지금 중국 영화계에서 돈을 많이 씁니다. 하지만 당장 많은 돈을 받는다고 해서 단순히 인력 제공을 하는 데에 그친다면 몇 년 후에 거대해진 중국 시장에서 한국 영화가 설 자리가 사라질 수도 있습니다. 우리의 기획력으로 중국 관객들에게 강한 인상을 주는 좋은 영화를 만들어서 중국 영화의 성장 과정에 파트너의 지위로 연착륙하는 전략이 필요하다고 봅니다."

헤어지기 전에 마지막으로 물었다.

대표님께 영화란 무엇입니까? "저에게 굉장히 고마운 존재죠. 먹고살게 해 줬고, 즐기게 해 줬고, 무엇보다 세상에 대해 공부하게 해 줬어요. 영화를 통해서 역사를 공부하고 사회를 생각하고 책임감을 느끼게 됐으니까요. 이제 좀 지치기도 해서 시스템을 남겨 놓고 쉴지 어떨지 모르겠지만 지금까지의 영화는 저에게 고마운 존재였어요."

요즘 그는 낮에 하던 일을 밤으로 돌리고 평일 낮엔 영화학교에서 하루 6시간씩 수업을 듣는다. 수업이 끝나는 오후 6시부터 그의 업무가 시작된다. 월요일 저녁엔 명필름, 화요일 저녁엔 명필름 재단과 학교, 수요일 저녁엔 파주출판단지협동조합, 목요일 저녁엔 한국영화제작가협회 사무를 본다. 숨 돌릴 틈도 없이 빡빡한 일정이지만 그래도 20년간 고대했던 일이라 힘이 난단다. **b**

COMPANY

영화 산업에서는 생존이 곧 성공이다.
설립 20주년을 맞은 명필름의 강점을 살펴본다

영화진흥위원회 발표에 따르면 지난 10년간 한국 영화 투자 수익률(상업 영화 기준)은 평균 −11.17%다. 2008년에는 무려 −43.5%를 기록했다. 그 사이 대박 영화와 쪽박 영화의 간극은 커졌고, 제작비 절반 이상의 손실이 발생한 영화는 증가했다. 2014년엔 이른바 '중박 영화'(500~800만 관객)가 단 한 편도 없었다.

영화 산업에 '확신'이라는 단어는 통용되지 않는다. 영원한 승자나 패자는 없고 예측 불가능성만이 존재한다. 여러 영화를 잇달아 성공하며 흥행 가도를 달리던 제작사가 소리 소문 없이 사라지는가 하면, 대박 영화 한 편으로 단번에 유명 제작사가 되는 경우도 있다.

명필름은 1995년 8월 설립 이후 총 35편의 영화를 제작했다. 그중 천만 관객을 동원한 초대박 영화는 없다. 하지만 '웰 메이드 영화'라는 신조어를 탄생시킨 〈접속〉(1997), 2000년 관객 동원 1위에 빛나는 〈공동경비구역 JSA〉부터 비주류 스포츠 영화의 가능성을 보여 준 〈우리 생애 최고의 순간〉(2008), 한국 애니메이션 최초로 220만 관객을 돌파한 〈마당을 나온 암탉〉(2011), 한국 멜로 영화 역대 흥행 2위를 기록한 〈건축학개론〉(2012)까지 대중의 기억에 남는 영화를 꾸준히 제작해 왔다.

부침 많은 영화계에서 20년째 건재하다는 이유만으로 명필름은 특별하다. 하지만 그냥 버틴 건 아니다. 시류를 좇기보다 새로운 시도로 흥행을 일구어 냈다. 이번 챕터에서는 명필름의 장수 비결을 네 가지 강점으로 정리했다. 명필름의 발자취를 인포그래픽으로 나타내고, 국내 주요 영화 제작사들을 소개한다.

마음이 동해야 한다

"마음이 동하지 않으면 시작하지 않아요." 명필름의 영화 제작 기준은 간명하다. 상업 영화를 만들면서도 '흥행 여부'를 먼저 생각하지 않는다. 이유 역시 간단하다. 짧게는 1년, 길게는 6, 7년이 걸리는 제작 기간을 버티려면 '좋아서' 해야 한다. 투자자를 설득할 때나 관객에게 선보일 때의 '확신'도 여기서 비롯된다.

손익 분기를 어떻게 넘길지 고민하는 건 다음 단계다. 예상 관객 수에 맞게 예산을 책정한다. 기획 단계부터 마케팅 계획도 함께 세운다. 그 과정에서 '본질'을 훼손하지 않는다. 영화화의 이유가 된 핵심 코드를 다른 목적 때문에 수정, 왜곡하지 않는다는 뜻이다. 〈건축학개론〉의 경우 여러 투자자를 거치며 자극적으로 바뀐 설정을 초고에 가깝게 되돌려 놓았다. 누구나 공감할 만한 '첫사랑'을 이야기하고 싶었기 때문이다.

〈우리 생애 최고의 순간〉은 명필름 직원 대부분이 반대한 기획이었다. 비인기 종목에다 아줌마 선수들이 주인공인 영화를 누가 보러 오겠냐는 것이었다. 게다가 경기 결과도 이미 나와 있는 실화. 하지만 심 대표는 아테네 올림픽 여자 핸드볼 결승전을 보고 느낀 감동을 관객도 공감하리라 믿었다. 그래서 확신을 가지고 꼼꼼하게 영화 제작을 진행해 나갔다. 〈접속〉, 〈공동경비구역 JSA〉, 〈마당을 나온 암탉〉, 〈건축학개론〉 역시 직원이나 외부 관계자의 우려 속에서 시작해 성공한 영화다.

"세상에는 영화로 만들어지지 않을 이야기도 없고 안 될 이야기도 없다. 되게 만드는 과정이 중요하다." 심 대표의 소신은 적중하고 있다. 영화계엔 절대적인 '흥행 공식'이 없다. 그래서 유행을 좇는 것만이 능사는 아니다. 오히려 '내면의 소리'를 놓치지 말아야 한다. 영화는 관객의 마음을 읽고 소통하는 '감성 예술'이기 때문이다. 많은 관객의 마음을 사로잡는 일은 한 명의 마음을 동하게 하는 데서 출발한다.

'에센셜리즘'은 비본질적 다수를 버리고 본질적 소수에 집중해야 한다는 뜻이다. 리더십 전문가 그렉 맥커운에 따르면 각 분야의 저명인사는 '더 적게, 하지만 더 좋게'라는 사고방식을 지녔다. 명필름에 있어 본질은 '하고 싶은 이야기'이다. 본질을 놓치지 않고 영화가 손해 보지 않을 방법을 구체적으로 계획하는 것, 그것이 명필름의 영화 제작 방식이다.

디테일이 전부다

영화는 본격적인 촬영에 들어가는 순간부터 모든 게 돈이다. 시간도 예외는 아니다. 본격적인 프로덕션에 들어가기 전 철저한 준비가 요구된다. 주어진 예산과 일정 내에서 완성도 높은 작품을 만드는 건 이 시기에 달렸다. 명필름은 꼼꼼한 프리프로덕션으로 정평이 나 있다. 2003년 2월 16일 동아일보의 보도에 따르면 심재명은 제작 일정 관리와 비용 계산이 철저한 제작자 1위로 뽑혔다. 감독, 제작자, 투자자, 마케팅과 배급 담당자, 평론가 등 70여 명의 영화계 인사가 참여한 설문에서 31표를 받았다. 13표로 2위를 차지한 강우석 대표와 비교했을 때 압도적인 차이다.

명필름은 기획과 시나리오 개발 단계부터 철저하다. 〈마당을 나온 암탉〉은 150만 부가 팔린 베스트셀러가 원작임에도 시나리오를 완성하는 데 2년이 걸렸다. 〈카트〉는 사실성을 고려해 20번 이상 시나리오가 수정됐다. 실제 상영 시간에 맞게 시나리오와 콘티 분량도 조절한다. 촬영 이후 편집 과정에서 버려지는 장면을 최소화하기 위해서다. 물론 비용 문제도 있지만 시나리오가 완벽해야 '웰 메이드' 영화가 탄생할 확률이 높아지기 때문이다.

"제작사란 항상 경우의 수를 최소화하고 영화를 잘 만들 수 있는 상황으로 이끌어야 한다." 심 대표의 말처럼 명필름은 촬영 시에 생길 오차도 고려한다. 〈마당을 나온 암탉〉은 그림을 그리기 전 배우들의 대사 녹음을 먼저 했다. 인물의 목소리, 말투, 몸짓, 입 모양을 고려한 캐릭터를 그리기 위해서였다. 〈우리 생애 최고의 순간〉은 수차례 테스트 촬영을 통해 3D 콘티를 제작했다. 각 배우의 캐릭터에 맞는 경기 동작과 전체적인 경기 동선을 땄다. 덕분에 실제 촬영에서 배우들이 정확한 자세를 취하고 시간 낭비도 줄일 수 있었다.

시간 절약과 비용 절감은 디테일의 핵심이 아니다. 명필름 김상헌 이사는 "명필름의 디테일이란 아끼는 게 아니라 예정대로 사용하는 것"이라 말한다. 예산과 일정 준수를 위해 미리 준비하고 고민하고 계획을 세우고 점검하는 것이 제작사가 하는 일의 전부다.

'100−1=0, 100+1=200' 디테일 경영의 대가인 중국의 왕중추 교수의 베스트셀러 《디테일의 힘 2》에 나오는 공식이다. '1'이 '100'의 향방을 결정하는 이 공식은 디테일을 중시하는 명필름의 생각과 상통한다.

홍보가 안 된 영화는 없는 것이나 마찬가지다

제작사는 영화 제작만 맡을 뿐 완성된 영화의 마케팅은 투자·배급사의 몫이다. 하지만 명
필름은 예외다. 회사 내에 마케팅 인력을 두고 영화를 기획할 때부터 마케팅을 함께 고민
한다. 이는 마케터 출신의 심 대표 영향이 크다. 홍보의 중요성을 알기에 투자·배급사나 대
행사에만 온전히 맡기지 않는다.

마케팅 전략 초안은 기획부가 영화의 장단점을 분석한 뒤 콘셉트와 카피를 마케팅팀과 함
께 구상한다. 심 대표는 마케팅 방향을 조언한다. 이후 몇 번의 회의를 통해 최종 마케팅 가
이드를 만든다. 완성된 가이드로 홍보 대행사와 다시 회의한다. 대형 투자·배급사에는 프
레젠테이션을 하기도 한다. 투자·배급사, 홍보 대행사, 명필름은 회의를 통해 마케팅 방향
을 통일시킨다. 다른 제작사가 영화 포스터, 예고편 정도만 점검하는 데 비해 꽤 공들이는
셈이다. 특히 심 대표는 외부 마케팅 회의에 항상 참석한다.

명필름 영화는 홍보 기간도 길다. 통상적인 홍보 기간인 4주보다 2~4주 전에 시작한다. 올
4월 개봉하는 〈화장〉은 개봉 8주 전 메인 포스터가 공개되었다. 마케팅 계획은 주 단위로
짠다. D-8주에는 포스터 공개, D-7주에는 해외 호평 노출 등 주마다 이슈 포인트와 세부
계획이 있다. 보도 계획은 일별로 정리한다. 자료를 수집해 언제 어떤 기사를 노출할지 결
정한다. "명필름 영화는 대중성과 작품성을 모두 쥔 양날의 검 같아 홍보하기 까다롭죠."
심 대표는 정교한 마케팅이 명필름만의 특징이자 어려움이라 말한다.

〈마당을 나온 암탉〉의 경우 가장 긴 마케팅 활동을 펼쳤다. 한국 영화 시장에서 국산 애니
메이션에 대한 신뢰가 부족했기 때문이다. 개봉 2년 전부터 기획, 캐스팅, 중국 동시 개봉
등을 보도하고, 제작 발표회 때는 오케스트라단을 섭외해 영화 삽입곡을 연주했다. 〈카트〉
처럼 사회적 목소리를 내는 영화는 개봉 10개월 전부터 크라우드 펀딩을 펼치고 노동자
단체를 대상으로 시사회를 열었다.

시사회와 동시에 실시간으로 인터넷에 영화평이 퍼지는 요즘, 겉만 번듯한 마케팅은 무의
미하다. 하지만 홍보가 안 된 영화는 없는 것이나 마찬가지. 영화의 기획 단계부터 마케
팅을 함께 고민하는 명필름의 마케팅 전략은 훌륭한 대안이 될 수 있다.

영화는 결국 사람이 만든다

"어떤 기업도 핵심 인재를 확보하는 능력 이상으로 수익을 빠르게 향상할 수는 없다."
경영 과학에서 불변의 법칙으로 통하는 '패커드의 법칙'이다. 성공한 회사들은 본능적으로
이 법칙을 따른다. "공석이 생기면 바로 자리를 채우기 전에 이 자리의 조건에 대해 고민
합니다." 명필름 김상헌 이사는 중요한 인재 조건으로 '전문성'을 꼽았다. 때문에 신입 직
원을 채용하는 경우는 드물다. 적임자가 나타나지 않으면 공석이 길어져도 채용하지 않고,
적임자라 생각되면 채용 인원을 초과해 뽑는다.

직원들의 근속 연수도 긴 편이다. 가장 오래 일한 직원은 13년 차다. 12년 차, 11년 차 직
원도 있고 평균 5년 이상이다. 직원들은 대표와 직접 일하며 개인의 능력을 평가받는다.
연말에는 직원들이 자체 평가하는 시간도 갖는다. 부서별로 자신의 한 해를 평가하고 다음
해 계획을 직접 세운다. 평가 결과를 바탕으로 연봉이 조정된다. 회사 분위기는 수평적이
고 자유롭다. 반바지에 슬리퍼 차림으로 회의하고 직급에 상관없이 의견을 나눈다. 전문성
과 창의력에 도움이 되는 강연, 전시회가 있으면 업무 시간을 조정해 참석할 수 있다.

사람 관계를 중시해 한 번 맺은 인연을 오래 유지하는 것도 특징이다. 명필름 기획실 직원
들이 독립해서 차린 TPS 컴퍼니와 〈파주〉, 〈관능의 법칙〉을 공동 제작했고, 2007년 독립
한 김균희 프로듀서와 〈건축학개론〉, 〈우리 생애 최고의 순간〉, 〈카트〉를 함께 만들었다.
"회사를 퇴사하면 남이 되지 않고 서로의 노하우, 경험을 네트워킹하는 게 영화를 만드는
데 있어 중요한 경쟁력"이라고 심 대표는 말한다.

명필름은 영화계에 워크숍 개념을 처음으로 도입했다. 영화 제작 전 서로를 이해하고 작품
의 목표를 공유하기 위해서다. 독립 영화를 만들며 소통의 중요성을 체험한 이은 대표의
아이디어였다. 한편 고마운 사람들에 대한 보답으로 시작한 VIP 시사회는 심재명 대표의
생각이었다. 〈공동경비구역 JSA〉(2000)를 개봉할 때 처음 시행된 VIP 시사회는 우리 영
화계의 마케팅 관행으로 자리 잡았다.

영화는 결국 사람이다. 사람의 아이디어에서 시작해 협업을 통해 완성되기 때문이다. '나
혼자 잘해서 잘된 게 아니다.' 명필름이 사람을 대하는 태도이자 장수 전략이다. **b**

RIVALS

JK필름 〈두사부일체〉(2001)를 연출한 윤제균 감독이 2002년 '두사부필름'을 설립한 뒤 JK필름으로 사명을 변경했다. 〈해운대〉와 〈국제시장〉이 1천만 관객을 돌파했다. 그 밖의 주요 작품으로 〈색즉시공〉, 〈1번가의 기적〉, 〈하모니〉, 〈댄싱퀸〉 등이 있다. 현재 JK필름의 대표는 길영민이다. 윤제균은 영화 기획을 맡고 있다.

김기덕필름 김기덕 감독이 2001년 설립했다. 1억 원 안팎의 제작비로 영화를 제작하며 독특한 색을 지닌 작품을 선보여 왔다. 2012년 개봉한 〈피에타〉는 한국 영화 최초로 베니스 국제 영화제 황금사자상을 수상했다. 주요 작품으로 〈사마리아〉, 〈풍산개〉, 〈배우는 배우다〉 등이 있다. 최근 제작한 〈메이드 인 차이나〉는 제44회 로테르담 국제 영화제에 공식 초청되었다.

싸이더스픽쳐스 1995년 차승재가 설립한 '우노필름'이 전신이다. 국내 제작사 중 최대인 70편의 영화를 제작했다. 〈비트〉, 〈8월의 크리스마스〉, 〈주유소 습격사건〉, 〈살인의 추억〉 등으로 영화 산업 부흥기를 이끌었다. 김미희, 차승재 공동 대표가 '싸이더스FNH'를 떠나며 잠시 주춤했지만 2014년 〈타짜; 신의 손〉을 흥행시키며 명예를 회복했다.

씨네2000 1994년 이춘연이 성연엔터테인먼트를 설립한 뒤 이듬해 씨네2000으로 사명을 변경했다. 주요 작품으로 〈미술관 옆 동물원〉, 〈중독〉, 〈거북이 달린다〉, 〈더 테러 라이브〉 등이 있다. 이 밖에도 1998년부터 〈여고괴담〉 시리즈를 제작해 왔으며 현재 〈여고괴담〉 여섯 번째 시리즈를 준비하고 있다.

영화는 감독과 배우로만 이루어지지 않는다
독자적 브랜드를 구축한 국내 주요 영화 제작사를 소개한다

영화사 봄 〈은행나무 침대〉, 〈결혼이야기2〉의 프로듀서 오정완이 1999년 설립했다. 오정완은 심재명(명필름), 김미희(스튜디오 드림캡쳐)와 함께 1세대 여성 제작자 '빅3'로 불렸다. 주요 작품으로 〈반칙왕〉, 〈스캔들-조선남녀상열지사〉, 〈달콤한 인생〉, 〈너는 내 운명〉 등이 있다. 현재 2015년 하반기 개봉 예정인 전도연 주연의 〈남과 여〉를 준비 중이다.

영화사 집 '영화사 봄'의 프로듀서 출신 이유진이 2006년 설립했다. 2007년 〈그놈 목소리〉를 시작으로 〈행복〉, 〈서양골동양과자점 앤티크〉, 〈전우치〉, 〈내 사랑 내 곁에〉, 〈초능력자〉, 〈내 아내의 모든 것〉, 〈감시자들〉 등을 제작했다. 매년 한 편씩 꾸준히 제작해 '중박' 이상의 흥행을 내는 제작사로 꼽힌다. 현재 김윤석, 강동원 주연의 〈검은 사제들〉을 제작 준비 중이다.

외유내강 2005년 류승완 감독과 외화 마케터 출신인 그의 아내 강혜정이 설립했다. 류승완 감독의 작품을 주로 제작한다. 〈다찌마와리〉, 〈부당거래〉, 〈짝패〉 등을 제작했고, 2012년 개봉한 〈베를린〉은 700만 관객을 돌파했다. 현재 2016년 5월 개봉 예정인 〈베테랑〉과 김태용 감독의 상업 영화 데뷔작 〈여교사〉를 준비 중이다.

청년필름 1998년 김조광수 감독이 설립했다. 1999년 〈해피엔드〉를 기획했고 2001년 〈와니와 준하〉로 주목받았다. 그 외에도 〈후회하지 않아〉, 〈소년, 소년을 만나다〉, 〈친구 사이?〉 등의 퀴어 영화를 제작했다. 2010년 〈조선명탐정; 각시투구꽃의 비밀〉에 이어 속편인 〈조선명탐정; 사라진 놉의 딸〉도 관객 380만 명을 돌파하며 흥행을 이어 가고 있다. **b**

FIGURES

05
TIMES
최다 출연횟수
문소리

12
PEOPLE
명필름 직원수

23
PRIZES
최다 수상 영화
〈공동경비구역 JSA〉

41
PERCENT
손익분기점을 넘긴 영화 비율
(34편 기준)

43
MILLION
명필름 영화 총 관객 수
(35편 기준)

61
HOURS
명필름 영화 총 상영시간
(35편 기준)

욕망 (2004)
1,150

두레소리 (2012)
35,326

작은 연못 (2010)
47,160

섬 (2000)
53,000

질투는 나의 힘 (2003)
62,788

조용한 가족 (1998)
65,000

소년은 울지 않는다 (2008)
94,993

파주 (2009)
132,657

혈의 (2002)
200,000

구미호 가족 (2006)
202,990

와이키키 브라더스 (2001)
219,000

걸스카우트 (2008)
249,114

코르셋 (1996)
250,000

해가 서쪽에서 뜬다면 (1998)
400,000

이이스케키 (2006)
516,492

버스, 정류장 (2002)
650,000

올해로 명필름은 설립 *20주년*을 맞는다.

명필름의 역사를 인포그래픽으로 만나 본다.

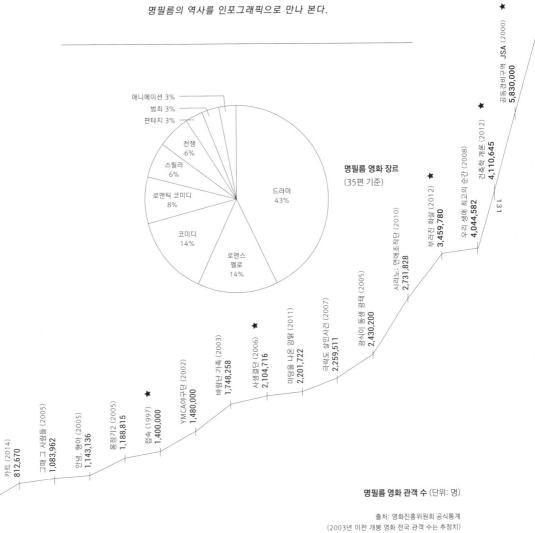

애니메이션 3%
범죄 3%
판타지 3%
전쟁 6%
스릴러 6%
로맨틱 코미디 8%
코미디 14%
로맨스 멜로 14%
드라마 43%

명필름 영화 장르
(35편 기준)

관능의 법칙 (2014)
781,516

카트 (2014)
812,670

그때 그 사람들 (2005)
1,083,962

안녕, 형아 (2005)
1,143,136

물장구 (2005)
1,188,815

접속 (1997)
1,400,000 ★

YMCA야구단 (2002)
1,480,000

바람난 가족 (2003)
1,748,258

사생결단 (2006)
2,104,716 ★

마당을 나온 암탉 (2011)
2,201,722

극락도 살인사건 (2007)
2,259,511

광식이 동생 광태 (2005)
2,430,200

시라노: 연애조작단 (2010)
2,731,828

부러진 화살 (2012)
3,459,780 ★

우리 생애 최고의 순간 (2008)
4,044,582 ★

건축학 개론 (2012)
4,110,645 ★

131

공동경비구역 JSA (2000)
5,830,000 ★

명필름 영화 관객 수 (단위: 명)

출처: 영화진흥위원회 공식통계
(2003년 이전 개봉 영화 전국 관객 수는 추정치)

★ 는 영화 별점 베스트5 (출처: 2015.2.24. 왓차 기준)

나도 이렇게 늙어가는구나.
어느 날 문득 늙어 있는 게 아니라 한 가지씩,
낱낱이 확인 도장을 받듯이
스스로 늙음을 증명하게 되는구나.

–《엄마 에필로그》中

132

I AM AGING. ONE DAY I REALIZED THAT I AM NOT GROWN OLD ALL
OF A SUDDEN, BUT AS THE DAY PASS BY, I PROVE TO MYSELF OF
MY AGEDNESS LIKE THE DAILY SIGNATURE ON AN ASSIGNMENT.
-FROM 〈MOTHER EPILOGUE〉

엄마의 피와 뼈와 살로 내가 어른이 되고,
거기에서 끝나지 않고 엄마의 눈빛과 머리카락과
손가락과 말과 눈물과 웃음과 한숨이,
자기 앞의 생을 살아내는 모든 모습이
내게 영감과 각성을 선물했다고,
나는 이 일을 하면서 수없이 생각한다.

—《엄마 에필로그》中

133

I BECOME AN ADULT THROUGH MOTHER'S FLESH, BONES, AND
BLOOD. HOWEVER, IT NEVER ENDS THERE. SHE'S GIVEN ME HER
EYES, HAIR, FINGERS, WORDS, TEARS, LAUGHTER, AND THE SIGHS.
AS I CONTINUE TO WORK, I ALWAYS HAVE BEEN THINKING THAT
SHE'S GIFTED ME THE INSPIRATION AND AWAKENING BY SHOWING
ME ON HOW TO LIVE. - FROM 'MOTHER EPILOGUE'

밤이 점점 깊어가고 사위가 쥐죽은 듯 조용해지면
전기스탠드를 밝힌 책상에 앉아 있는
나 혼자만이 이 세상에 존재하는 듯
자신에게 집중할 때의 기쁨은 특별한 것이다.
어느덧 고개를 들어 창밖을 보면
하늘이 휘부옇게 밝아오던 순간.
밤을 꼬박 새우면서 아침이 오는 순간을
고스란히 목도할 때 몸은 피곤하지만
정신은 오히려 맑아지는 경험을 하게 된다.
— 2005년 5월 21일, 한국경제 기고문, 〈밤샘의 기쁨〉

AS THE NIGHT GREW DARKER AND THE SURROUNDINGS CAME TO
A DEAD SILENCE, THE CONCENTRATION I EXPERIENCE SITTING
NEXT TO THE GLEAMING LIGHT-STAND IS A SPECIAL KIND OF A
HAPPINESS. ALTHOUGH I STAYED UP THROUGHOUT THE NIGHT
AND FEEL TIRED, THE WHITENING SKY OF THE DAWN RATHER
CLEARS MY MIND WITH FRESHNESS. - 'THE HAPPINESS OF
PULLING AN OVERNIGHTER', MAY 21, 2015, THE KOREA ECONOMIC
DAILY(HANKYUNG) EDITORIAL

누군가 대신 할 수 없는 생.
끊임없이 질문하고 고민하고 살아 낸 잎싹의 이야기
〈마당을 나온 암탉〉은
'나는 누구인가'라는 정체성 묻기의 절정이며,
한낱 미물 같은 존재를 내세워 '인간의 자유의지'를
더할 수 없이 위엄 있게 그려낸 작품이다.
– 2014년 8월 28일 경향신문 기고문, 〈심재명의 내 인생의 책〉

LIFE IS SOMETHING THAT CANNOT BE REPLACED. 'A HEN IN
TO THE WILD' IS A BOOK OF CONSISTENT QUESTIONINGS
AND CURIOSITY OF 'WHO AM I' BY LEAFIE. BY CONTINUOUSLY
QUESTIONING THE EXISTENCE OF A MINIMAL CREATURE (A HEN),
THIS MASTER PIECE OF THE BOOK MAGNIFICENTLY DESCRIBES
THE 'HUMAN'S FREE WILL'.- 'THE BOOK IN MY LIFE BY JAE MYUNG
SHIM', AUGUST 28, 2014, THE KYUNGHYANG SHINMUN EDITORIAL

REFERENCE

감현주 외, 《미래에 도전하는 부드러운 카리스마》, 명인문화사, 2007.

경향신문 인터랙티브 팀, 《알파레이디 리더십》, 들녘, 2012.

그렉 맥커운(김원호 譯), 《에센셜리즘》, 알에이치코리아. 2014.

랄프 스티븐슨·장 R. 데브릭스(송도익 역), 《예술로서의 영화》, 열화당, 1982.

루이스 자네티(박만준·진기행 譯), 《영화의 이해》, 케이북스, 2012.

몰리 해스켈(이형식 譯), 《숭배에서 강간까지》, 나남출판, 2008.

박경림, 《엄마의 꿈》, 문학동네, 2014.

박주영, 《2014년_한국영화산업결산》, 영화진흥위원회, 2015. 2. 2.

박진배, 《영화 디자인으로 보기 1, 디자인하우스, 2001.

박찬욱, 《박찬욱의 몽타쥬》, 마음산책, 2005.

배상준, 《영화 예술학 입문》, 성신여자대학교출판부, 2009.

베르너 파울스티히(이상일 譯), 《영화의 분석》, 미진사, 2003.

신경숙 외, 《버스, 정류장》, 명필름, 2002.

신용관, 《멘토의 멘토》, 쌤앤파커스, 2013.

심재명, 《엄마 에필로그》, 마음산책, 2013.

왕중추(홍순도 譯), 《디테일의 힘 2》, 올림, 2011.

이대현·김명환, 《대박 뒤에는 뭔가 특별한 것이 있다》, 나무와숲, 2001.

이지훈, 《해피 엔드(잘생긴 천재의 인터뷰 오디세이)》, 이매진, 2012.

정재형, 《영화 이해의 길잡이》, 개마고원, 2014.

제레미 바인야드(박종호 譯), 《샷의 기법》, 비즈앤비즈, 2010.

짐 콜린스(이무열 譯), 《좋은 기업을 넘어 위대한 기업으로》, 김영사, 2011.

채윤희·김미희·심재명·이미연, 《영화 프로듀싱과 홍보 마케팅 입문》, 큰사람, 2001.

기선민, 〈50년 내공 임 감독 남다른 '촉' 심 대표 그 조합에 쏠린 눈〉, 《중앙SUNDAY》, 2014. 8. 31.

김은형, 〈열등감, 그것은 나의 힘!〉, 《한겨레21》, 2001. 12. 19.

김혜선, 〈한국 애니, 내일을 쏴라!〉, 《한국영화》, 2011. 6.

류형진, 〈수직 계열화, 무엇이 문제입니까?〉, 《한국영화》, 2012. 1.

문석, 〈지난해 은퇴를 해야 하나 고민하기도 했다〉, 《씨네21》, 2007. 2. 8.

백은하, 〈'버스, 정류장'의 이미연과 심재명〉, 《씨네21》, 2002. 2. 23.

심은진, 〈영화의 외화면과 외부의 사유〉, 《인문과학연구》 제36집, 강원대학교 인문과학연구소, 2013.

심재명, 이강복, 〈10인의 제작. 투자자가 말하는 2001년〉, 《씨네21》, 2001. 12. 27.

임철희, 〈외화면과 내화면, 두 영화 공간의 변증법〉, 《인문콘텐츠》 제27호, 인문콘텐츠학회, 2012.

정한석, 〈매번 선입견과 싸워왔다 앞으로도 그럴 테고〉, 《씨네21》, 2011. 8. 5

정한석, 〈명필름답다는 것〉, 《씨네21》, 2014. 1. 29.

조희숙, 〈'명필름' 대표 심재명 & '버스 정류장' 감독 이미연〉, 《여성동아》, 2002. 2.

주성철, 〈두 사람의 동상이몽〉, 《씨네21》, 2012. 4. 26.

주성철, 〈명필름의 17년을 말하다〉, 《씨네21》, 2012. 4. 26.

최수영 외, 〈한 편의 영화가 우리를 만나기까지〉, 《영화천국》, 2013. 11/12

〈영화 뒤의 그림자, 여성영화인 1-프로듀서 심재명〉, 《씨네21》, 1999. 3. 2.

〈프로듀서 4인, 기획영화 10년을 말하다〉, 《씨네21》, 2002. 7. 26.

고명섭, 〈뜬 영화 뒤에는 프로듀서 있었다〉, 《한겨레》, 1998. 10. 15.

김고금평, 〈심재명 "20년째 영화 만들지만 흥행 感 못 잡아요"〉, 《문화일보》, 2012. 11. 28.

김미영, 〈박정희 망령이 한국영화 중흥에 찬물 끼얹나〉, 《한겨레》, 2005. 2. 1.

김윤덕, 〈충무로에 거센 여성파워〉, 《경향신문》, 1996. 1. 13.

김형곤·이형석, 〈서촌방향, 심재명〉, 《헤럴드경제》, 2011. 9. 29.

김형민, 〈김형민의 응답하라 1990…헬리콥터를 띄워 '파업전야'를 막아라〉, 《한겨레》, 2014. 6. 21.

민병선·이지은, 〈'건축학개론'으로 본 충무로 영화의 일생〉, 《동아일보》, 2012. 7. 4.

송호진, 〈창립 17년 맞은 명필름 심재명·이은 공동 대표 부부〉, 《한겨레》, 2012. 2. 16.

신연수, 〈'접속' 110만명 관람 '최고 흥행'〉, 《동아일보》, 1997. 10. 31.

안정숙, 〈'접속' 1,000,000명 접속〉, 《한겨레》, 1997. 10. 24.

안정숙, 〈새로운 세기를 기획한다…'명필름' 영화사〉, 《한겨레》, 1995. 8. 29.

안정숙, 〈충무로 전문기획 시대 연다〉, 《한겨레》, 1992. 6. 6.

오명철, 〈관객 취향 파악이 성공 비결…영화 '그 여자 그 남자' 여성 기획자 심재명〉, 《동아일보》, 1993. 8. 26.

이혜린, 〈한국영화 '파워 7' 심재명의 초인적 성공신화〉, 《세계일보》, 2006. 8. 30.

임주희, 〈심재명 대표 "'건축학개론' 흥행, 첫사랑 코드에 반응한 것"〉, 《파이낸셜뉴스》, 2012. 4. 24.

한현우, 〈[한현우의 커튼 콜] 쪽박날 거란 영화들로 대박 행진…'명필름' 심재명 대표〉, 《조선일보》, 2012. 6. 2.

홍동희, 〈'한국영화 세계화의 브레인' MK픽처스 대표 이은〉, 《스포츠월드》, 2006. 1. 21

《경향신문》, 〈'조용한 가족' 홈페이지 화제〉, 1998. 3. 27.

《동아일보》, 〈충무로 '우먼파워' 기대하세요…맹렬여성 3인 기획·홍보사 차려〉, 1992. 11. 22.

《동아일보》, 〈프로들이 선정한 우리 분야 최고-영화〉, 2003. 2.16.

김형석, 〈미장센, 그게 도대체 뭐죠?〉, 《네이버캐스트》, 2010. 5. 4.

김형석, 〈쇼트의 모든 것〉, 《네이버캐스트》, 2011. 8. 23.

김형석, 〈영화 사운드의 종류와 역사〉, 《네이버캐스트》, 2011. 4. 5.

김형석, 〈영화의 중요한 요소, '색'의 의미〉, 《네이버캐스트》, 2010. 7. 6.

신민경, 〈충무로의 품질보증 마크…영화제작자 심재명〉, 《네이버캐스트》, 2009. 3. 9.

PHOTO CREDITS AND CAPTIONS

ENDPAPERS
1999년 〈해피엔드〉 촬영 중 남양주 종합 촬영소 세트장에서, 심재명 제공

CINEMA PARADISE
P.4-11 PHOTOGRAPH BY LEE MINJI

WORKS
P.18-19 명필름 제작 영화 스틸컷, 한국영상자료원 제공
P.20 〈결혼이야기〉 포스터와 스틸컷, 한국영상자료원 제공
P.21 〈접속〉 포스터와 스틸컷, 명필름/한국영상자료원 제공
P.22 〈조용한 가족〉 포스터와 스틸컷, 명필름 제공
P.23 〈해피엔드〉 포스터와 스틸컷, 명필름/한국영상자료원 제공
P.24 〈공동경비구역 JSA〉 포스터와 스틸컷, 명필름 제공
P.25 〈욕망〉, 명필름 제공
P.26 〈그때 그 사람들〉 포스터와 스틸컷, 명필름/한국영상자료원 제공
P.27 〈마당을 나온 암탉〉 포스터와 스틸컷, 명필름 제공
P.28 〈관능의 법칙〉 포스터와 스틸컷, 명필름 제공
P.29 〈카트〉 포스터와 스틸컷, 명필름 제공

PORTRAITS
P.32-33 1994년 결혼식 청첩장에 삽입한 사진, 심재명 제공
P.34-35 1988년 서울극장 기획실 재직 시절, 심재명 제공
P.36 2000년 여름 딸 승채와, 심재명 제공
P.37 1996년 12월 승채와 엄마, 심재명 제공
P.38-39 1992년 명기획 사무실에서, 심재명 제공

BIOGRAPHY
P.40-41 명필름 사무실에서, PHOTOGRAPH BY LEE MINJI

COMPARISON
P.68 (좌측 상단부터 시계 방향) 워킹타이틀 제작 영화 포스터 〈FRENCH KISS〉, 〈NOTTING HILL〉, 〈HIGH FIDELITY〉, 〈ABOUT TIME〉, 〈LOVE ACTUALLY〉, 〈BRIDGET JONE'S DIARY〉, HTTP://WWW.MOVIEPOSTERDB.COM

BEHIND THE FILM
P.72 〈건축학개론〉 서연의 집 설계도, 건축가 구승회 제공

P.74 〈건축학개론〉 서연의 집 스케치, 건축가 구승회 제공

IN-DEPTH STORY, INTERVIEW
P. 78-79 명필름 앞에서, PHOTOGRAPH BY HASISI PARK
P.86 명필름 응접실에서, PHOTOGRAPH BY HASISI PARK
P.89 명필름 응접실에서, PHOTOGRAPH BY HASISI PARK
P.97 심재명 자택에서, PHOTOGRAPH BY HASISI PARK
P.104 명필름 응접실에서, PHOTOGRAPH BY HASISI PARK

IN-DEPTH STORY, COMPANY
P.114 PHOTOGRAPH BY HASISI PARK
P.115-117 PHOTOGRAPH BY LEE MINJI
P.118-120 PHOTOGRAPH BY HASISI PARK
P.123 (상) 〈우리 생애 최고의 순간〉 스틸컷, 명필름 제공
      (하) 〈마당을 나온 암탉〉 스틸컷, 명필름 제공
P.125 (상) 명필름 사무실, PHOTOGRAPH BY LEE MINJI
      (하) 〈카트〉 콘티북, PHOTOGRAPH BY LEE MINJI

SKETCH
P.142-147 ILLUSTRATION BY EARL & TOLBIAC

143

144

ISSUE 1
NOV DEC 2014
LEE O-YOUNG

이어령 李御寧

ISSUE 2
JAN FEB 2015
KIM BOO-KYUM

김부겸 金富謙

ISSUE 1 이어령 창간호에서는 이어령 선생을 만났습니다. 이 선생은 평론가, 산문가, 소설가, 시인, 언론인, 교수, 행정가 등 다방면에서 활동하며 탁월한 업적을 남겼습니다. 한국의 대표 석학, 시대의 지성, 말의 천재로 불리기도 합니다. 이어령 선생은 내일을 사는 사람입니다. 그에게 세상은 부재의 표상입니다. 이어령을 읽어야 할 이유가 여기에 있습니다.

ISSUE 2 김부겸 2호에서는 김부겸 전 국회의원을 만났습니다. 김 전 의원은 진보와 보수, 호남과 영남의 경계에서 외로운 싸움을 해 왔습니다. 삶을 사는 게 아니라 삶을 앓았던 그는 한국 정치사의 경계인境界人입니다. 어디에도 소속감을 느끼지 못하고 경계를 맴도는 많은 현대인들이 그의 삶을 통해 자신을 돌아보고 스스로를 치유할 수 있는 계기가 되었으면 합니다.

정기 구독 안내 정기 구독을 하시면 정가의 10% 할인 및 행사 초청 등의 혜택을 받으실 수 있습니다. 구독 기간 중 저희 출판사에서 발행되는 단행본 한 권을 함께 보내드립니다. 아래 계좌로 구독료를 입금하신 뒤 전화나 메일로 도서를 받으실 주소와 이름, 연락처를 알려주십시오. 결제일 기준으로 다음 호부터 잡지가 발송됩니다.

- 1년 81,000원(10% 할인)
- 1년 6회 발행(홀수 달)
- 신한은행 100-030-351440
- 예금주 ㈜스리체어스

구독 문의 02-396-6266
CONTACT@BIOGRAPHYMAGAZINE.KR